天呈，姓沈。1946年10月生于上海。1976年开始漫画创作，以单幅讽刺漫画居长，作品曾获中国漫画金猴奖（作品奖），中国新闻奖一等奖（作品奖、编辑奖），中国新闻奖二等奖（作品奖），上海韬奋新闻奖，并在《文汇报》开设《天呈漫画》专栏十年。现为中国美术家协会会员，中国漫画艺术委员会委员，中国新闻漫画研究会顾问，上海漫画艺术委员会主任，上海美术家协会理事，《文汇报》高级编辑。

吉人天相 日月呈祥

树老根多,人老话多。画得少了,话却多了。捡了点闲话按在唱盘里,吱吱嘎嘎地摇了发条,漫漫聊聊,嘎嘎山湖。谈得开心,漫天呈祥。

天呈漫话天呈

天呈 著

上海文化出版社

图书在版编目（CIP）数据

天呈漫话天呈 / 天呈著. -- 上海：上海文化出版社, 2018.8（2019.1重印）

ISBN 978-7-5535-1338-6

Ⅰ.①天… Ⅱ.①天… Ⅲ.①沈天呈－自传 Ⅳ.①K825.72

中国版本图书馆CIP数据核字(2018)第165189号

上海文化发展基金资助项目

出 版 人：姜逸青
责任编辑：张　琦
装帧设计：王　伟

书　　名：	天呈漫话天呈
作　　者：	天呈
出　　版：	上海世纪出版集团　上海文化出版社
地　　址：	上海市绍兴路7号　200020
发　　行：	上海文艺出版社发行中心
	上海绍兴路50号　200020　www.ewen.co
印　　刷：	浙江海虹彩色印务有限公司
开　　本：	889×1194　1/20
印　　张：	9.2
印　　次：	2018年8月第一版　2019年1月第二次印刷
书　　号：	ISBN 978-7-5535-1338-6/K.158
定　　价：	98.00元
告　读　者：	如发现本书有质量问题请与印刷厂质量科联系 T：0571-85099218

目录

画在家中墙上的宣传画　9
专门孵在钢板上的"老刻蜡"　11
仔细观察　13
画画约会　17
见到仰慕已久的蔡振华　18
第一次在报刊上发表漫画　20
上海滩漫画人丁兴旺　21
城隍庙的武松拉力器　23
一幅"抄袭"漫画　25
青岛职工漫画展　26
为日本青年画漫画肖像　27
丁汀先生　29
初到深圳　31
拜见漫画泰斗华君武　33
嫉恶如仇的英韬先生　36
漫坛实干将王益生　38
住在江帆先生家里　40
在哈尔滨空军第一飞行学院　42
欢送辛遥东渡日本求学　43
华君武的连载漫画《疑难杂症》　45
绘画滑稽王小毛　46
在深圳与庄锡龙联合办展　48
在常熟陪江帆老师故地重游　49
华君武先生在钢厂办漫画展　50
一封用漫画绘就的投诉信　51
先见之明　53
拜访张乐平先生　54
用传真机发稿　55
喝喜酒喝出个"中国新闻奖"　57
我不干了　58

一幅抒情漫画　*59*

海峡两岸暨香港导演"聚会礼物"　*60*

初到安陆　*61*

在张家界登山　*63*

首上《讽刺与幽默》专版　*64*

与黄永玉吃西餐　*66*

恒源祥绒线　*67*

香港回归　*69*

参加亚洲漫画展　*70*

"有料"与"无料"　*73*

"不懂装懂"　*74*

99趣谈　*75*

漫画广告是一座快乐的桥梁　*77*

《小小王先生》　*78*

《新十万个为什么》　*79*

终于拔出来了　*82*

在迎战"非典"的日子里　*83*

"书市宝贝"让书市变味　*84*

为滑稽大师画像　*85*

一市漫画千家集　*86*

我双脚交拨侬了　*88*

开辟"天呈漫画专栏"　*90*

漫坛寿星方成　*91*

丁聪先生是个大画家　*93*

茶馆店里来的"中国新闻奖"　*95*

天呈的新闻漫画开了研讨会　*96*

画了个狗狗"勇勇"　*100*

为公务员讲漫画　*102*

漫画名片　*103*

为埃及《金字塔报》总编画漫像　*104*

鼠年画鼠　*105*

渡口　*106*

画画回忆图画　*107*

为金昶伯画漫画像　*109*

游览静思园　*110*

抗震漫画　*114*

漫画《欢天喜地》上了神舟七号　*116*

上海市民读市　*116*

迎接世博会　*118*

一只"备胎"　*119*

冰火二重天　*120*

湘西旅游漫笔　*121*

去贵州采风　*123*

评弹盘片　*124*

华老去世　*125*

画国家对比漫画　*126*

天晴还需防天雨　*129*

对付白骨精，就打110！　*130*

95岁的老王伯伯　*132*

悼念英韬　*133*

《新民晚报》评论版漫画　*135*

贾三包子　*137*

钓鱼岛是中国的　*138*

"布袋和尚"漫画　*140*

美国旅游漫笔　*141*

"内部装修"　*143*

将军的奥秘　*144*

玩玩水墨漫画　*145*

触动　*148*

双庆阿哥　*148*

画蛇添足　**149**

谨防电信诈骗　**150**

温哥华漫笔　**152**

漫笔国际事态　**154**

装修漫笔　**156**

喜欢上海的理由　**158**

在澳大利亚与丁兆庆先生　**160**

买盒"克感敏"　**161**

为廉政漫画叫好　**162**

乡情　**164**

三毛八十岁了　**165**

一辆"独轮车"　**166**

尴尬的旅游回放　**167**

大圣归来　**168**

熊孩子　**170**

攻克难题的乐趣　**171**

一只沙发　**172**

一碗汤圆　**173**

一只电话　**174**

共同的旋律　**175**

有缘千里来相会　**176**

漫画大虹桥　**177**

您可不要做这样的"旅游家"　**179**

吵你没商量　**179**

家风　**180**

后记　**182**

画在家中墙上的宣传画

2014年我为《真是喜欢你,上海》展览会写前言时,前段写道:

生在上海,养在上海,读书在上海,工作在上海,退休在上海,可以讲我是个老上海。几十年生活下来,对上海真是有感情,无论是一屋一瓦,无论是一草一木,都是上海的味道,无论是一条"台嘎路",还是石库门里的"老虎天窗",都是上海的记忆。

小辰光住在"小世界"旁边的障川路,天天背了书包在城隍庙里穿来穿去,豫园"点春堂"是我就读的小学的"大礼堂",门前有高高的银杏树,掉下的银杏叶,还拿来做书签。放了学,到"桂花厅"买个肉包子,清香的荷叶一包,回家一边吃一边做作业,真是开心。奶油五香豆、梅花糕、老饭店的草头圈子、八宝辣酱、老野荸荠的大闸蟹,现在回想起来还是味道十足。

1946年的秋天,我出生在上海。父母亲开了一爿小店,他们忙于店内的活计,我便常常在店堂里听无线电里播放的评弹和滑稽,还在纸上、板上涂鸦。父亲把每天的新闻报纸钉起来,买来一本颜鲁公的字帖,要我每天临帖,写满一张旧报纸。父亲对书法、绘画并不懂,见我每天写满一大张报纸便可以了。

我有个姨父叫宋仁甫,在上海一所学校教书,他喜欢画些水墨,他画的扇面和写的毛笔字,我感到好是漂亮。他的书体与丰子恺先生的字体很近,我更是佩服。我常去姨父家玩耍,放假了,还去他家住上几天,看他写字作画。但是,姨父不苟言笑,我和他

10岁的天呈和父母

给侵略者尝尝中国人民的铁拳

的子女对他都很敬畏,只是在他吸食水烟的时候,一边玩弄他的捻纸,一边听他讲些书法的事项,那时我还小,听也听不懂。姨父给我一本图案书,又讲了院子里的树,树上的叶子,一片树叶是怎么变成图案的,我小小的心灵居然被触动了。正巧,学校里的图画课布置作业时,教图画的欧阳老师要求画一片树叶,于是,我摘了一片树叶,按照图案书上的图例,画了一个很是漂亮的树叶。作业发下来时,同学们都有了,居然没有我的,我的画在欧阳老师的手中,他举着我的画向班级的同学们介绍那是怎么动脑用心画的作业。作业发下来了,上面一个大大的红五角星,我心里真是开心,也真是喜欢画画了。六十年过去了,我真是怀念这两位先启,可惜,他们后来都被打成"右派",命运悲戚。

有了画画的兴趣和老师的表扬,我就更起劲了。一天下午,学校里只有两节课,放了学,才十岁的我,竟然拉开了家里的铁床,在床后的白墙上,临画起了一幅宣传画——一位高大的中国工人,举起了铁拳,对下面盘踞在台湾的"美帝蒋匪",发出庄严的警告。我把墙上和地下弄得一片狼藉,之后,又将铁床的帐帘放下遮起。等到父亲下班回到家中,哗啦啦,拉开帐帘,请看——父亲看着被弄得一塌糊涂的房间和花丽斑驳的白墙,没有光火,没有指责,没有拿出棍棒给我一顿教训(如果这次把我打了一顿屁股,也许就打掉了我的绘画热情,在漫画路上转了向)。父亲见我喜欢画画,就托人给我寻了个师父。那天我跟着父亲一起到城隍庙边上一家小店铺,与一位五十多岁的先生见面,我一看,是个专门画小照片放大的人,画板上打着小格子,小照片上放着九宫格和一个放大镜,我心里就不开心:怎么就叫我画这个东西?回来的路上,父亲去买了毛笔、炭粉、九宫格,还按老先生说的,用纸将毛笔的笔毛卷贴起来,把笔尖的笔毛剪平。可是,我一点也没有兴趣,画了半幅,就搁笔不弄了。

公私合营后,父亲到新的单位去上班了,

一天,他们商店接到上级的任务,要参加一个"要古巴,不要美国佬"的游行,可是,店里没有人会画宣传画。这时父亲说:可以叫我儿子来试试。下午,我到他们店堂里,看着整一张纸贴在三合板上,心里想,这比我家的墙小多了。于是,拿起毛笔,按着那幅宣传画就画了起来,站在旁边的叔叔伯伯都喝起彩来。有隔壁店堂里的人也跑了过来——哇,这毛小囡,才十岁出头吧,结棍格(厉害)!看着游行的队伍集合了,看着同事们拿着五颜六色的小旗,扛着我画的宣传板,父亲开心地笑了,他感到很自豪。

专门孵在钢板上的"老刻蜡"

画画的习惯一直跟随着我。"文化大革命"开始了,我进了工厂当轧钢工,由于会点绘画,就经常被抽出去画宣传牌,写毛主席语录,画《工业学大庆》《毛主席去安源》,还经常刻蜡纸,搞印刷。由于刻得多,刻得快,人送了个绰号——"老刻蜡"(上海话同音:老克勒)。刻着刻着,就钻了起来,不仅弄来了大小不一的圆头铁笔、勺形铁笔,而且去弄来了粗细不同的新锉刀,利用不同的细密纹理,刻出不同明暗的素描效果。当时,我刻了《红军不怕远征难》长征组歌、样板戏《智取威虎山》、颜文樑先生的《色彩琐谈》、颜文樑先生与甘桁先生合作的《篆刻词典》,还刻了鲁迅的语录书签、珂勒惠支的版画头像。那年,著名版画家沈柔坚先生看到那"版画",感到很新颖,当知道是蜡纸刻印的,感叹地笑了。

刻蜡纸的名气响了,就经常被弄到"野营部队"(当时经常搞背起背包一面喊着"练好铁脚板,打击帝修反",一面在郊野每天走上几十里的活动)去。我既要白天行走,又要晚上刻蜡纸,马上印刷(其实就是用橡

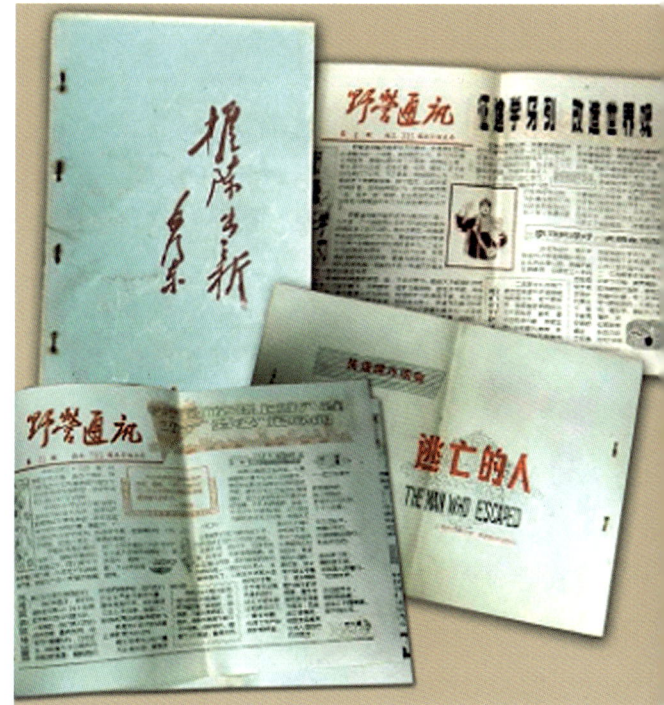

部分刻印品

皮刮板在蜡纸上刮印）"野营战报"，在钢板上"拉练"。有的时候，刚刚刻好"战报"，印刷好一百来份简报，夜里搞急行军了，立马收拾工具又背起背包上路。简报很小，就是A3大的一份，可内容却不少，有大题小题，有故事有评论，有诗歌有插图，记得当时编辑文字的张晓明先生在广播里听到美国乒乓球队访华，便立即在简报里加了条一句话的新闻。现在看来，当时的"小球转动"，确是世界为之变化的大事。简报虽简，却是彩色的，我们当时的油墨是黑、红、蓝三色，一般在红里面加点黑就能成为酱红色，我们又带了些油画颜料和调化剂，这样，颜色丰富多了。有的时候，先用刮板印刷一些局部，再印套其他部分；还有的时候，在滚筒印刷的时候，装好刻好的蜡纸，在干净的纱网上，把应该什么颜色的部位，堆上一层油墨，一般可以有五六个颜色，然后在上面覆盖一张新的蜡纸，用滚筒一次推动，取出一份，再下压拉回一次，取出一份，拿出的就是一份彩色的简报，有时滚得多了，油墨掺合了，有些花了，也蛮奇特的。原来我存有几本"野营战报"的合订本，可几十年一过，不知放哪儿去了。

1976年，我一个同学结婚了，那时候，哪有什么红封袋、喜糖袋，他找到我，我就用蜡纸给刻了几种喜糖袋。不料，在那物资匮乏的年代，喜糖袋袋大受欢迎，拿到的人还惊喜地问是哪儿弄的。我那同学也有心，现在见我写东西要用，就用手机把珍藏了四十年的喜糖袋袋拍了传给我，至于那"原稿"，他是不肯给的了。

1973年，随着中日邦交正常化，工厂里的一些技术人员要翻阅一些日文资料，可是没有学校，没有教员，没有教材。正巧铸铁车间里有一位老先生是精通日文的，就请他出来做教师，但是没有日文教材，怎么办呢？报名的技术人员马上要开课，可是，书还没有呢。先生听人说我是"老刻蜡"，于是找到了我，问我：懂日文么？我说，一点也不

喜糖袋袋

懂。他面有难色，但又恳切地想请我刻印日文课本——一本过去的日文教材，它不认得我，我不认得它，但看在教课"救火"的份上，我还是答应了。同时，我也参加了日文课，一边学习一边刻印书本。日文是竖排的，刻印时由右到左，蜡纸上要填放一张纸，日文片假名的起笔勾画，都是按着葫芦画瓢，要十分小心，不能因刻错而误人子弟。刻了几个月，教材积累了一叠，没有出错，老师和上课的学生都很满意，我也学了一点日文的片假名和短语。

仔细观察

漫画创作好似演出，编剧、导演、道具、人物、唱词都是你一个人，现在回想，四十年前养成的细细观察的习惯是十分重要的。我经常用速写本记录某些瞬间动态和场景，有时还用文字记下一些人和事，简略的只有寥寥几句话，详细的可以是洋洋洒洒一篇文章。

1973年，物资非常匮乏，许多物品要凭证凭票购买，弄堂里有些人要办喜事结婚，都要请人来帮忙打家具。那年，我写了《姓金的木匠》，从文中可以看出我对身边事物的观察达到怎样细腻的程度，附录于下。

我吃完晚饭，便到弄堂里去散散步。大热天的傍晚，弄堂里已经嘈杂起来了，洗完澡的端了只凳子、摇了把扇子在乘风凉，有的女人哄着小孩子在弄堂里喂饭，有的老头儿躺在竹榻上，悠悠闲闲地抽着板烟。

一边，有一个木匠在做工，他光着身子，使劲地用锯子把一块木板剖开来，周身的肌肉都紧缩地随着他的手臂的大幅度动作而一张一翕。旁边好几个看热闹的人围着，我走近人群才看清楚，这个人尽管嘴唇上下巴上长着长长的胡子，可是年纪并不大，最多二十六七岁模样，长得很结实，光着的上身露出淌满汗珠的胸脯，他穿着一条黑灰色的旧长裤，上面粘了不少细木屑，左面膝盖上还露着一个老大的洞，他的脚趾显得很大，套着一双半新旧的人字形塑料拖鞋，他脱下左脚上的鞋子，赤脚踏在木板上，两手举着锯子用力锯着，一块仅五公分宽的木头被剖成四片木板，他的额头上、背脊上沁出一颗颗大汗珠，又一滴滴汇拢流到腰间，那条旧长裤上洇了老大一片湿，随着这一下又一下的锯动，木头被平平整整地剖了开来。

阿根叔收拾着地上的小木板，一面对他说："小金，歇歇吧，明天还可以干的。"

他没有回答，仍是用力地拉动着锯子，锯齿沿着一条墨线笔直伸了下去。

阿根叔一抬头，见我站在那里，就招呼说："唷，阿新，夜饭吃了？"

"吃了，出来走走。准备做只什么玩意

儿?"

"想打只三门五斗橱。"

"新媛快准备办事体了吧,年轻人喜欢式样新,要捷克式的。"

"啥新不新的,外面家具买不到,弄点柴爿,凑合钉只鸡棚。"

我笑笑说:"真要钉鸡棚,我也会弄弄,这可是真家伙,看这木头剖得多平整。"

阿根叔像是夸到了他找到了一个高手艺的木匠而得意地笑了,又像是要讨那个木匠的欢喜,取过靠在墙上的一块板对我说:"阿新,你看看,这块板是四块小木板拼起来的,怎么样?一点缝道也没有,真叫我认得的,人家背后排着十几户人家要做家什呢。"说完,他轻轻地放下木板对着木匠说:"小金,收摊吧,走,一道吃夜饭去。"可是他那双有点斜白的眼睛却是盯在姓金的木匠的锯齿上,一点没有开饭的意思。

那木匠只是嗯了一声,仍然用力地拉动着锯子,一点没有急于收摊的样子。

四片木板锯好了,天色也渐渐暗了下来,我见小金从一只木箱里取出一团回丝来,擦着身上的汗水,突然,他咳了几声,吐了口痰,又用拖鞋拖了拖地面。这时阿根叔来请他去吃饭,他一声不响地走到木箱边,取出一件衬衫来,套在身上,又向木箱边站着的一个男少年拍了拍肩头,一边钮着扣子,一边走进了阿根叔的家里。

那个男孩约摸十七八岁,正把一件件刨子、榔头、斧子、凿子等放进那只箱子里去,又小心翼翼地点着家什,把它们归纳整齐。

我慢慢地走开了,寻了只凳子在过街楼下坐了下来,准备乘些风凉再到我那闷热的楼上去。就见那个男少年已经理好了他的大木箱,正坐在上面,静静地等待着,看着周围几个嬉笑的孩子在追逐。

隔壁九号里的"大头娃娃"正端了个小凳子朝弄堂口跑去,我一把拉住他在自己身边坐了下来,他是个消息灵通的小家伙,虽然年纪才十五六岁,可是蛮懂事体。我问他,这个木匠可认得,他朝我看了看说:"你也想做家什吗?"我说:"随便问问,他年纪轻轻,手艺倒不错。""大头娃娃"朝弄堂那面一只过街楼下面的男少年看了看,然后悄声地说:"人家是个插队落户对象,屋里爹娘全死了,无依无靠的,只得拼命学点手艺混口饭吃。"

"噢——,是这么回事!"我心里想,怪不得他的头发胡子留得这么长。

"大头娃娃"又悄声说:"听说六八年他高中毕业,成绩相当好,分配到江西去插队落户,他去了,可是不知怎么又回来了,大概家里摆不平吧。"

"他家里不是爹娘全过世了吗?"我有点感慨地问。

"他还有……"不知怎么的,"大头娃娃"

突然不说了，我抬头一看，原来这个姓金的木匠和那个男少年把木箱抬到阿根叔家里去以后，正从弄堂底走了出来。他还是那副样子，邋里邋遢，黑灰的长裤上还是留着一个破洞，拖着唯一稍微显得新一点的黄色人字形拖鞋，和这个男少年一起走了。

等他们走远了，"大头娃娃"才接着说："这个人就是他的弟弟，家里恐怕还有一个小妹妹吧。"

"那他的小兄弟算是来帮忙的？"我猜测地说。

"嗯。"

"那他怎么不到阿根叔家去吃夜饭呢？"

"听人家说，金木匠为人相当直爽，根本不会叫自己兄弟去吃人家饭的。"

"那他为啥来做帮手呢？"

"其实也只是让他来做些粗活，学点木匠手艺，大概将来也可以做木匠吧。"

"噢——"，我不禁又问，"那姓金的木匠的手艺又是从哪里学的呢？"

"木匠，木匠，摸摸就像了。""大头娃娃"完全是一种老练的"包打听"样子，他说，原来是借的木匠家什，工具也不齐全，为他几个同学做点家具。他自己肯钻研，又有毅力，七摸八摸，就越来越精了，工具也逐渐置齐了。

"现在他这样做做，能有几钿呢？"

"这是老规矩的，只做勿吃，三元一工，做工带吃，二元一工。""大头娃娃"这种行话叫我似懂非懂，我连忙请他解释一下。他说，这是外面做木匠的普遍价钱，就是单给你做，有一工算一工，不到你家里吃饭，是三元一工，这种生活一般是事先估计好的，譬如做一只独脚台子，三天，就是三工，他六天里做好，你付九元，他两天里做完，你也付九元；另外一种是吃饭在你家里吃，每工付二元，这种一般不预先估工，而是做一工算一工。

我不觉心里盘算起来："就算二元一工，吃饭在人家家里，而且后面排队做家什的人这么多，就是六十元一个月，这在现在是一个不低的工资了，难怪他不肯去做农村的活了。"

"大头娃娃"用他那机灵的眼睛看了我一眼说："大概比你的工钿还高了吧，算了，厂里不要做了，干这个玩意儿吧。"说完，狡黠地笑一笑，似乎看穿了我的思路。

我也笑了笑摇了摇头："我又不会木匠，而且也没有弟弟妹妹需要我来抚养。"

"大头娃娃"做了个鬼脸，端起凳子朝弄堂口走去了，临走又对我奇怪地笑了笑，这次我猜不出他在笑点什么名堂了。

第二天，我下班回家，刚走进弄堂，过街楼下面的墙边又堆着木料，那姓金的木匠正坐在长凳上用凿子在开木榫头，他的小兄弟也正起劲地刨着一根木头，还不时闭起一只眼睛，认真地看着。阿根叔也正在旁边用木刨花屑烧着一罐黄鱼胶,见我走过去,站起来与我打招呼:"阿新,下班啦?"

"病假。"我一面回答,一面掏出香烟递了过去,又递了一根给这位姓金的木匠,只见他连忙抬起头来,对着我微微笑了笑,用很清晰的声音说:"唷,我不会抽烟。"

阿根叔用刨花点了火给我把烟点上,又对他说:"小金,偶尔吃支呒么关系。"我又把烟递了过去。

他站起来了,还是微微笑了笑,说:"谢谢你,我真的不会抽的,真的。"从他那声调中简直有点恳求,我只得把烟重新放好。

他又回到他那小兄弟身边,把木条看了看,又轻轻地对他说了些什么,自己取了一把刨子推了几下,把那根木条放到了一边,又拿上了一根给了他的小兄弟,自己回到长凳边,专心一致地开起榫头来,榔头敲在凿子上,重重的几下,木屑流畅地挖了出来,一会儿,他又换了一根。

我在一边静静地看着,这个年轻人仍然埋着头静静地干着,不知是风呛了,还是被木屑烧黄鱼胶的烟熏了,突然他咳了起来,咳得很重,可是没有痰,他停下了手中的活,似乎想用力把喉咙口的东西咳出来,咳了一声,还是没有咳出来,只是一小口唾沫朝地上滴了下去,又用他那只穿着人字拖鞋的脚揭了揭,又似乎感到这样随便不大好,他的眼神窥视了我一下,见我正看着他,便又低下头去干活了。

阿根嫂端了两只热气腾腾的馒头来了,阿根叔让我吃一个,我推让着说:"这是给他们吃的,我怎么能……我还要去家里看书呢。"一边说我一边就走了,只听见后面阿根嫂在招呼:"来,趁热快吃,你们干力气活,不吃饱怎么行?"又听到阿根叔的声音:"来,来,小弟弟也来吃一个,吃一个!"

我转进自己家房门,心里想,有饭吃,有点心尝,又有工钿拿,尽管是力气活,可哪儿不比别人强呢?人家对你要像菩萨般地敬,你又要别人对菩萨似的烧香,真是乐惠极了。

阿根叔的家具做好了,弄堂里的人都说好,式样新,又结实,而且用料省,最重要的是才用了十个工,一些阿姨婶婶围着阿根嫂问这问那,又对理好了工具家什的小金木匠夸耀着,年纪轻轻就有这么好的手艺,今后不用愁了,肯定有好日子过,啥人嫁给他笃定享福。木匠没有多说什么,扛着工具箱,一手搭在小兄弟的肩上,走出了弄堂。

过了一年。又是乘风凉的时候了,我坐在弄堂里,"大头娃娃"刚巧走过,我一把拉住他说:"我的书越来越多,乱得找也找不到,那姓金的木匠能来给打个书柜吗?价钿好商量。他的活我看得中。""大头娃娃"凑过头来对我轻轻地说:"商量?商量个屁啊!他已经到那边去了,去了有大半年了,肺里的！算算他又不抽烟！唉，作孽——"

我看看旁边，似乎还看到他在埋头干活，似乎又听到那"咳咳咳"的声响。我拨弄着手中那从画报上描下的书柜草图，折着折着，竟折成了一只纸鹤，放在弄堂的石条板上。

画画约会

我在厂里上班，每月工资42元，父母亲早就在"文革"开始被赶回家里，靠我的那点收入和老父母糊点纸袋的微薄津贴，生活是很难的，要考虑自己的结婚大事就更难了。那时我经常住在单位里。1972年，我认识了一位美丽的姑娘，她喜欢音乐、文学，喜欢学外语、打羽毛球，是我心仪的 girl friend。她的父母同为教师，由于一些特殊的家庭原因，经济条件也不是很好，对于我们的相识，他们家人还是很有顾虑的，于是，我们的交往就处于"地下"。

那天，我向她家里投了封信，里面附了一幅画，用铅笔写了"连环画P38"。寄出信后的第三天，某月的9日，下午六点三刻，在24路电车站那个门口有个邮筒箱子的烟纸店前，我与她约会了。看到她成功解读了"连环画"，我真是开心。

回到家里，我翻开本子，写了一篇：《一

投信约会的连环画

根细线》。

这几天，我的左手腕上总套着根牛皮筋。

我既不用它裹结纸包，也不用它作航空模型的动力，既不当发射子弹的火药，更不用它来扎绕短发辫梢，可我总喜欢在手腕上套着那么一根细线。

它，纤纤弯弯，还带有点扭，在我的手腕上依斜着身子，摇荡着细细的腿，满是一副俏皮的样子，用一个手指在它的一端一撅，再一捻，它就在手腕上翻腾起来，像一个孩子被胳肢了似的，笑喘不停。它，是活泼的。

把它朝手臂上挪了挪，紧贴了肌肤，顿时它嬉笑的脸绷紧了，游动的细腿立正了，满是一副肃穆的样子，用一个小指把它一拨，又立刻回到原来的样子，像是一个生了气的姑娘，撅着嘴，低着头。它，又是严肃的。

已经好多日子，它躺在我那左手腕上，颜色愈来愈浓了，本来黄橙而透明，现在红褐而深浑。它，大概是，吮了我不少……

把它褪了下来，那细腻而光泽的肉臂上，果然印着一轮深陷的瘪痕，低凹的一圈渐渐地由白泛红，只有瘪痕旁边的表，还在喊喊嚓嚓地跑着……

见到仰慕已久的蔡振华

1975年，我在南市区工人文化宫当美工，组织来文化宫活动的职工参加美术班，当时有许多大名鼎鼎的美术家到基层来讲课辅导——雕塑家王大进，国画家杨正新、林曦明，还有张培础等，漫画就是蔡振华先生。蔡振华先生是我非常仰慕的漫画前辈，他的作品我从小就拜读，看到他在《漫画》杂志封底的这幅漫画，那构图、造型、布局、色彩，都让我佩服之至。听说文化宫请到了他来讲课，我真是兴奋不已。那天晚上七点不到，我早早在文化宫的门口恭候，只见先生来了，这是我第一次见到蔡振华老师，不高的身材，穿得很精神，戴了一副金丝边的眼镜，头发梳得光光的，一尘不染。我将蔡老师引到教室，其实就是美工工作室，十几个同学围坐在工作台边，听老师讲课。他用带有浓重杭州口音的普通话，与大家讲了漫画的几个要素，又讲了许多中国漫画在中国革命历史上的作用。他又举了几个范例，课讲得不长，同学们也少有提问，我提了个他画轮胎广告的事，也许不合时宜，先生也很谨慎，没有回答。一个多小时，活动就结束了，我送先生到文化宫门口。这是我第一次见到他。

粉碎"四人帮"后，在解放日报开会讨论创作漫画时，我又见到了他，他担任了上

蔡振华先生漫画作品

海美术家协会秘书长,作品日趋完美,达到炉火纯青的地步。美协漫画组决定为蔡振华先生介绍,出版《蔡振华漫画集》,并由我上门向蔡老取了许多漫画原稿,送到了上海一家出版社。听说蔡老准备出版画册,华君武先生特意题了"蔡振华漫画集"横竖两个书名寄来,信中还说:听说蔡老先生要出画集,很高兴,蔡老先生是我的学长(在杭州读书),祝早日见到画册。我将书名送到出版社,一连等了几个月,我去问美术组老孙,他答:领导说,这画里有"打倒苏修",不合时宜。我说,那是历史,如果不合适,把这两张拿掉就是了。可是,又等了几个月,什么明星啊影星啊,书出几本了,可蔡先生的书还是没有着落,我有点愤怒,也有点慌乱,我怕书出不成,画稿弄丢了,没法交代,就到出版社把蔡先生的原稿捧回他的家里。真是窝囊!

没有料到,直到蔡老先生临终,还是没有完成出一本画册的心愿。最后时刻,他还留了一封书信给我,在我参加先生的追悼会的时候,他的女儿蔡方将这封信交给了我。

"……出书的事情已有数年之久,弄到后来还是搁置下来,既然出版无望,何必使人为难,我希望将给出版社的画稿照片及君武同志为我所题的书名一并退还给我,让我自己反思自己的不足之处……先生为我奔忙,我心不安……"读到这里,我不觉热泪落下。一个

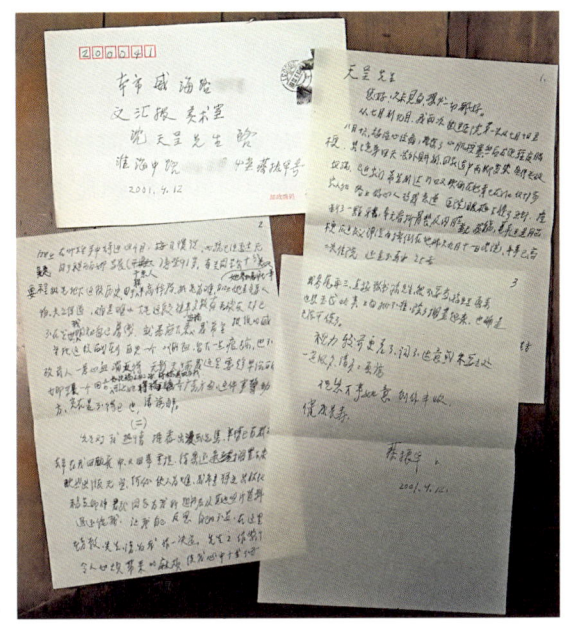

蔡振华先生手迹

老画家,他没有责怪别人,却要检查自己哪儿做得不足……还好,蔡方在上海美术家协会的帮助下,终于出版了一册大开本的《蔡振华艺术集》,可慰蔡老在天之灵了。

蔡先生的绘画艺术在海内外都是享有盛誉的,他勤奋好学,绘画功底扎实,尤其在美术设计和想象力丰富的漫画上成就卓著。1977年,蔡振华一度调任上海中国画院任党支部书记,后返上海美术家协会继续担任秘书长。1983年,他以上海美术家代表团团长身份出访日本。1989年,他创作的漫画《宝贝啊,妈妈真的受不了啦》获第七届全国美术作品展览铜奖。1959年北京市十大建筑兴建时,他受命担任人民大会堂上海厅(东西两厅)装饰布置的总体设计工作。1990年上

海市市标经上海市人大常委会审议通过。上海市市标是以市花白玉兰、沙船和螺旋桨组成的三角形图案，蔡振华先生是主要的设计人和执笔者。

1986年，上海举行一个漫画展览，要出印一份会刊，其中选了蔡振华老师的一幅国际漫画，由于当时的技术问题，想把这张彩色的漫画构成黑白线条的。这个活可不能叫老先生去做了，我就用了一张"白塔纸"复在上面描，但是描了三张还不行，钢笔不像，毛笔没有这个功力，这才让我感到，自己差远了。可是，就是这样一位德艺双馨的老艺术家却被当时的出版社拒之门外，真叫人伤心！

第一次在报刊上发表漫画

1976年底，我的两幅批判"四人帮"的漫画，挂进了上海美术馆，而我正式在报刊上发表漫画是1979年元旦，在上海《解放日报》。

"四人帮"被粉碎后，上海人民投入了深入的"揭批运动"。1976年12月在上海美术馆举办的漫画展览中，观众热情高涨，人头攒动，展览作品要吊高2尺，好让后排的观众观看，12月的天气，展览馆里要开启吊扇，可见人气之旺。漫画发展遇到了大好

1979年元旦，发表在《解放日报》的漫画

的时机，1978年底，人民日报的增刊《讽刺与幽默》也准备发刊，全国的报刊也多开辟漫画专栏。在这样有利创作的大好形势下，我早就跃跃欲试，准备向老一辈漫画家好好学习，创作更多的好作品。

我准备了一个小本子，随时随地将构思和想法记下来。如果不是即刻记录下来，等一会儿就会"怎么也想不起来"，这也许就是"灵感一现"吧。一次，我去拷醋，走到酱园店，放下瓶子，突然想到一个点子，赶快拿出小本子记了下来，那拷醋的阿姨把瓶子一放说：乖乖，两分钱的醋也要记账啊？讲得我哭笑不得。

另外，我还准备了一个64开的速写本，将一天来的构思化为漫画点子，记录在本子上待用和待深入，这就是"漫画日记"。

那时候，弄堂里有个菜场职工，她认得的亲朋好友去买菜，东西好分量足，而其他人就没有这么好的待遇了。一天，楼下的阿娘拎了菜篮子在叹气，说称给她的带鱼又细又烂，她只好吃进，我听到后就画了一幅漫画寄到《解放日报》去了。1979年元旦，我

到楼下取报纸,见稿件发表了,好开心,拿了报纸上楼,对夫人说:今天的《解放日报》,头版。夫人说,怎么了?我答,发表了一幅漫画!夫人头也没抬,说,你的?我说,是张乐平的,老先生说,他七十岁要当十七岁来用。我又说,今天,《解放日报》第四版也有一张漫画。夫人仍然没有抬头,说,你的?我说,不是我的,是沈天呈的!夫人头抬起来了,真的?她抢过报纸,翻到第四版,寻了半天,噢哟,报屁股上一眼眼!

就是这"一眼眼",我开始了漫画发表的春笋期,接着就在上海的《文汇报》《青年报》《劳动报》《青年一代》和全国性的《人民日报》《经济日报》《中国青年报》《工人日报》《讽刺与幽默》等报刊连续发表。老报人黄俭在一篇回忆文章中说,上世纪八十年代初,他在北京采访,碰到漫画家李滨声先生,李滨声先生说:你们上海天呈的漫画,特立独行,不和众,不随俗,明心见性,聪慧颖悟,北京漫画界很喜欢他的画。

上海滩漫画人丁兴旺

上世纪80年代初,上海的漫画很兴旺,报刊上经常发表漫画作品,创作队伍很壮实,年龄结构合理,专业队伍(以上海美术电影制片厂及报刊美术编辑为主)及业余队伍(以工厂、商店及学校职工为主)交相辉映。一旦有外地的漫画家来到上海,美术家协会就会发通知,请大家到上海美术馆(当时在南京西路仙乐书场旁边,现在已拆除)集合,请来的客人谈谈他们那儿的漫画创作情况,同时介绍他们的创作经验和漫坛趣事,很是得劲。开会的人,清茶一杯,没有其他什么招待,更没有什么车马费、小红包、马夹袋之类,脚踏车一踏就去了,很开心。

1981年12月底,华君武先生和丁聪先生到上海,一起聚了开会,要留个影,上海的前辈们请客人坐在中央,可华老就是随便一坐,坐在边上,不肯坐到中间去,丁聪更

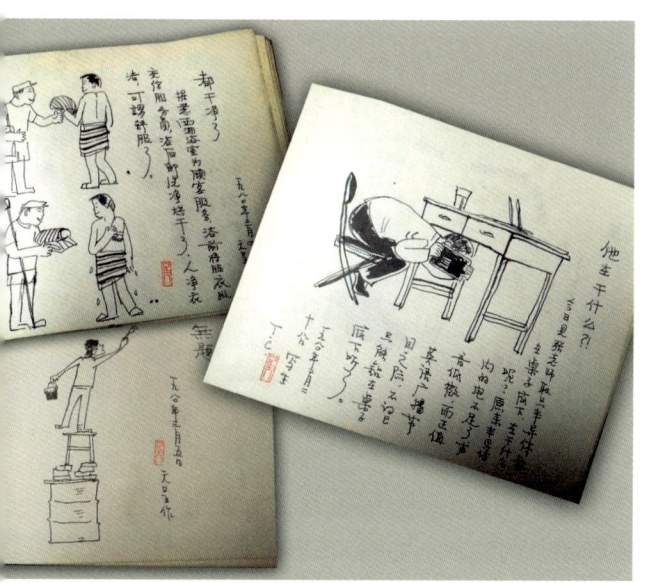

我的漫画日记

1981年,与华君武、丁汀先生的合影

1982年叶浅予在上海

是连坐也不肯坐,站到后面去了。与会的人多,居然分了三排还拍不下,只能分两批才一起合了影。

那时的创作,氛围很好,一个主题下来,大家互相通气,甚至将草稿也拿出来,共同讨论,提出不同的看法,提高创作质量。上海美术电影制片厂是漫画创作的"大本营",尤其是阿达(徐景达)、詹同、王树忱"三驾马车"更是了得,他们的绘画技巧高超,创作构思奇特,深受漫画队伍的推崇。那时,我们能看到的资料有限,阿达先生就将收集到的国外资料复印后装订成小册子,毫无保留地让我们学习参考。记得我后来画过三格的连环漫画,就是受到那些参考资料的启发。

城隍庙里的武松拉力器

小时候在城隍庙里的豫园读书,放了学从城隍庙里遛达回家,见一个小贩推了一个"武松拉力器",有时在书场门口,有时在环龙桥边,吆喝着招徕生意。这是一个用武松打虎的故事做的模型,前面是一个立式的半圆的拉力器,出了点钱就可以站上去,拉住这拉力器向上拉去,那老虎和武松前襟上的五色彩珠会随拉力的增加而跳上去,旁边还标着有多少斤的力气。如果一鼓作气拉到

武松打虎拉力器

来试试！越是有人拉响红铃，围看的人就越多，小贩的生意就越好。后来听大人说，这拉力器的弹簧是可以调的，他感到生意不太好的时候，就调得松一点，提高大家的兴趣。

这是我小时候的生活忆趣，后来走上了漫画创作的道路后，就越来越感到这生活的点滴积累是很重要的。漫画的组合有两个方面，一个是主题，一个是比喻的点子，直接把主题上了画面，那是图解，直接把一个场顶端，武松的头巾上的红灯会亮起，红缨球抖动，电铃声大作，旁边观看的人群会一齐喝彩欢呼，当然，这个"大力士"也会获得一份奖品。

有些尝试者，在旁边人的鼓动下，也站上去试试，深深地吸口气，蹲下身子，握紧把手，向上拉去，只见彩灯刷刷地亮上去，可是到了手腕处就是上不去，红灯不亮，铃声不响，脸色屏得红通通的，最后只好松手。旁边的人惋惜的有，讥笑的有，出主意的有，当然，也"激励"了几个汉子大叫一声：我

《华尔街的骗局》

景搬来不与主题扣合，那是散离。有了许多生动的场景，有了主题的碰撞，那就是灵感一闪。小时候，在《漫画》月刊上，看到一幅国际漫画，拉洋片，洋片里宣传着大炮飞机要打仗了，看西洋镜时，山姆大叔在偷捞看片的邻国人裤子兜里的皮夹子。那生动的拉洋片的场景，正好叙述了这个主题，给读者非常贴切的视觉比喻。这个场景到现在美国还在用，宣传局势紧张，鼓吹"中国威胁论"，以达到推销他的军火、"偷人皮夹子"的目的。这是漫画创作能做到深入浅出，与读者有喜剧形式的交流的重要环节。当然，眼前的这个场景不一定马上有用，但是，积累是很重要的，也是必须的。

漫画《安全第一》

一幅"抄袭"漫画

1980年8月12日，我的一幅漫画《安全第一》在《工人日报》上发表，没有几天，便收到北京《工人日报》编辑部的来信，编辑叶春旸先生的措辞非常严厉，说，接到上海读者的来信，说发表在《工人日报》上的这幅漫画，是抄袭前几天发表在《解放日报》上XX的作品，要求我立即作出"合理的解释"，否则将为此行为道歉，并在报纸上公开处理结果。看到信件，我很坦然，因为我没有做亏心事。当时，我每寄出稿件都有登记，每发表作品都有剪报，每来一笔稿费也都有记录，于是，我翻看了我的登记本，查阅了寄往北京的日期，比那张在《解放日报》发表的漫画要早好几天；另外，我的这个漫画构思在前一月的市工人文化宫漫画创作活动中讲过，也有多人听到过。于是，我把情况向叶春旸先生作了解释。几天后，我又接到他的来信，他们也查看了收到我的稿件的日期，认为我的解释是可信的、合理的，一场风波算是平息。

现在回想起来，那时对待创作是比较严格和规范的，画漫画是搞批评的，是搞文艺创作的，怎么可以自己做那些歪门邪道的东西！现在，有些人完全不把这当回事，还有的干脆抄袭了别人作品具上自己的名字，还复印几十份，对全国报刊大撒网，捞取稿费，而创作队伍里的人也不追究，要到这画稿得奖了，尤其是得了大奖了，才会有人"检举揭发"。

青岛职工漫画展

1982年7月,《工人日报》在美丽的青岛召开职工漫画座谈会。盛夏季节,京、津、沪、青岛、长沙五市职工漫画展在青岛举行,中国美术家协会副主席华君武先生不仅写信给予鼓励,而且和《人民日报》文艺部负责人、著名漫画家英韬先生一起来到青岛,参加由《工人日报》邀约的部分作者的座谈会。

华君武先生兴致勃勃,精神矍铄,谈笑风生。他说:漫画要多画,《工人日报》做得很好,我看了马瑞洁的、沈天呈的、潘文辉的,你们的实践比我多。不要摆老资格,不实践不多画就不行。昨天去游泳,过去游过四五里地,昨天一百米也游不了,吃力。过去阿甲唱戏都是我拉的京胡,我学的还是梅派,1943年后不拉了,前年到日本,张乐平、英韬叫我拉,一拉像杀鸡似的,所以要实践,要多画。听说沈天呈记"漫画日记",而且已经十本、二十本了,如果里面没有牵涉到与你爱人什么隐私的,我倒想看看。

华先生接着说,7月份老开会,到现在也没画。华罗庚开会没有味道的时候就在走神、运算,我在艺术局开会,老讨论那六块钱的补贴,我烦,就想自己的漫画。创作就是要给自己压力,有的人骂我的漫画,也有好处啊,他老是看出我的作品的毛病啦。骂,不好,我不和他对骂,因为我有名,对骂了,他也

青岛职工漫画展合影

有名了。

谈到职工漫画，华先生说，有人说我是老漫画家，但你们从工厂来，是工厂题材的老漫画家。工人最了解工人，理解自己，他们在想什么，要做什么。我出去喜欢坐硬席，可以聊天，我对青年人的了解就不够，就是对我儿子的理解也不够，怎么去画青年题材呢。第三，就是做人，画漫画先做人。自己的灵魂污染了，怎么去批污泥浊水？有的人喜欢吹捧，不要说老虎屁股摸不得，小猫屁股也摸不得。

之后，英韬老师也做了非常精彩的讲话。

会后，我拿出早就准备好的《华君武漫画》册子，请华老题字。华老欣然允诺，在画册扉页上写道："天呈同志近年画了不少好漫画，盼百尺竿头更进一步。此书嘱我签名，不是我买的。"周围看的人都笑了，漫画大师，真是幽默！

参加会议的作者来自全国各地，以前虽然没有谋面，却都从报纸上熟悉了对方，于是在会上交流，会下切磋。天津的刘庆涛看了我的漫画《丢了饭碗找饭碗》，很诚恳地对我说：那个"丢"字有遗失、遗忘的意思，不如用"扔"字恰当。我一听，心悦诚服，拜为"一字师"。

为日本青年画漫画肖像

1984年，三千日本青年应时任总书记胡耀邦的邀请，满载日本人民的友情来到我国，和中国青年一起友好联欢。我有幸两次在上海青年宫参加中日青年联欢活动，并为日本青年画了近百幅漫画肖像。

以前为人画漫画肖像，是对着熟人画的，对着电视荧屏画的，画不好也无妨。现在，要为异国宾客画像，而且，三分钟左右，不打铅笔稿，直接成像，能行吗？

日本青年来了，他们微笑着，友好地挥着手，有的身穿写着"若睦"的和服，有的胸前佩着吹气塑料做的熊猫和樱花，有的戴着别满各色纪念章的帽子，他们看到墙上写着"漫画肖像"的字样，就高高兴兴地围拢过来。一个日本男青年，长得很壮实，微笑着用中文对我说"您好"，并伸出手来和我握了握手。我请他坐下，抽出纸来，打量了一下——他，圆圆的脸，浓浓的眉，双下巴，还戴了副银丝边的眼镜。我抓住他的特点立即"夸张"起来，才画了一半，站在我身后围观的日本青年和中国青年就笑了起来，有的日本青年还不时一边比画一边向坐着的日本青年叫着："幺西！幺西！"（中文的意思是"妙啊，妙"。）等我一画完，这位日本青年看到自己的"尊容"笑得更欢了，连

与郑辛遥为罗马尼亚青年画像

连用中文说"谢谢",周围充满了笑声,洋溢着中日青年的友好之情。第一张肖像漫画在这样的气氛中完成了,我完全忘记了紧张和胆怯,紧接着第二张、第三张,接连画了下去……

一位日本女青年坐到我的面前,她撩了下黑色的长发,抿了抿鲜红的嘴唇,她,长得很美,很难在"漫"字上勾勒她的肖像,我感到有点难以下笔了。然而,我又看到了,她那友好的眼神,漂亮的"童花头",我捕捉了这美的特征,夸张了她的眼神,终于画成了,她高兴地赠送我一枚日中友好纪念章。

一位日本男青年端端正正地坐在我的面前,他突然"顽皮"地扮了几下"鬼脸",可我还是把他那宽厚的鼻子这个特点,"装"到了他的"鬼脸"上,引起了大家一阵善意的哄笑。他看了画像,自己也笑了,拉起我和他的画像照了相,并一再说,谢谢,谢谢。

两次活动,我都是与郑辛遥一起去的,他当时是真正的"中国青年",而我已是三十多岁了,参加中日青年联欢,也勉强算是"青年尾巴"了。我们当时相互鼓励,不时为对方打气,互相参谋:这位的特点是鼻子狭长,眼睛凹陷……等到活动结束,我们也真的感到收获蛮大的。

丁仃先生

我是在一次上海的座谈会上见到丁仃先生的。他是上海出生的南下干部,个子不高,胖墩墩的,原先与他不熟,只知道他是福建美术家协会的领导,又在人民日报社《讽刺与幽默》编辑部任职。1981年底,他与华老一起来上海,与漫画作者见面,他也没有多讲话,只是在停车场等车的时候,他站在小车线那儿,地上正好写了老大的一个"停"字,

丁仃先生漫画肖像

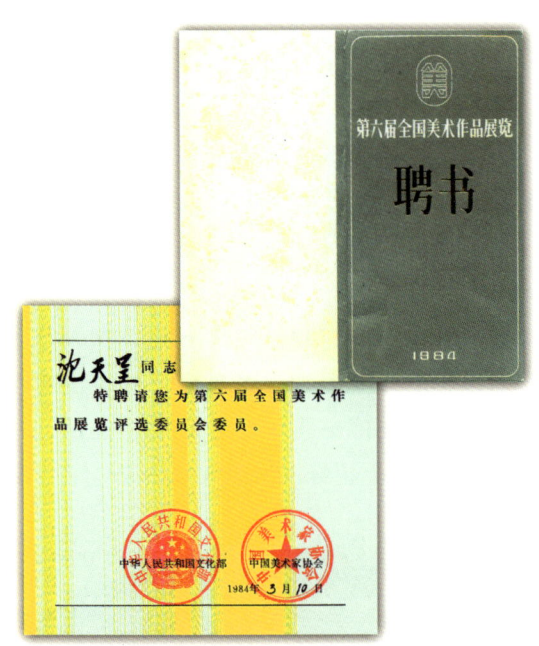

第六届全国美术作品展览评委聘书

把詹同笑得弯了腰说,你们看,这儿一个"丁",那儿一个"讠丁","丁讠丁"!大伙也都笑了。记得那次,他对我说,你画得很多,但还要画得好,你给《讽刺与幽默》的稿件,我们好想从中间抽出一张用上版面,但不行,英韬老师的原则是,宁缺毋滥!这话对我很震动,也感到自己创作的差距。

1983年,丁讠丁先生离开了《讽刺与幽默》,回到福建省,去担任省美协主席。他又回到他的书画中,他是杰出的书法家、艺术评论家、鉴赏家及文艺社会活动家。他擅长漫画、醉心于篆书。他曾任中国美协常务理事,福建省美术家协会第三、四届主席,福建省文联书记处书记。

1984年,我受聘担任第六届全国美术作品展览评委,丁讠丁老师担任评委会组长。在长沙,我见到了我敬仰的许多漫画界前辈。宾馆里,英韬老师与韦启美老师一屋,方成老师与廖冰兄老师一屋,西丁老师与于化鲤老师一屋,我与丁讠丁老师一屋。由于在一起评画,又同居一屋,同时用上海话交谈,我们谈得就多了。丁讠丁先生博学豪爽,性格开朗,极具领导气宇。他原名陈体申,出生在上海,又对武夷山有一种特殊的感情。自上世纪80年代起,他多次到武夷山写生、创作,其间,他曾为天心永乐禅寺山门题写门额"回向菩提",又为武夷山庄雨帘夕照厅题联"飞泉响落晴疑雨,古木浓荫夏亦凉"。

这次来自全国的评委,有的高深,有的深邃,有的来自京城,有的来自南北,创作的风格不一,观点也有差异,评选中也出现了一些矛盾,丁讠丁先生聚拢全体评委,有理有节地完成了评选工作。英韬先生、廖冰兄先生、方成先生,因为对作品的看法不一,争论得很厉害,后来虽然平息了,但还是气氛紧张。我有个侄女在长沙工作,见我在长沙,烧了一些莲子羹,用保温瓶装了,拿到宾馆里来,丁讠丁先生立即张罗,叫大家来尝尝湖南的特有甜点,一下子把大家的情绪调和了。

大家一面喝着，一面夸着，融洽多了。

评委工作结束了，湖南日报的同志请我们去采风，坐在汽车上，靠窗边正好有太阳，我取出一副茶色眼镜戴上。丁仃先生说，唷，蛮神气的，让我戴戴看。我把眼镜递给他，一戴，正正好好，他的脸架子与我差不多，而且，有近视度数，这度数也一样，他很喜欢。我就说送他了，他问要多少钱，我说这是塑料片的不值几个钱，他戴了。回到上海后，没有几个月，收到他的来信，说，送他的眼镜很好，就像是为他配的，可是，前几天去海边游泳，让龙王爷戴去了，能不能按这个近视度数再配一副，钱，他会汇来的。我即刻到金陵东路那家眼镜店里问，不料，这种塑料片不做了。没有办法，只能作罢。

一天，我与夫人去菜场，兜了一圈，回到家里，楼下的阿娘说，刚才有个人来寻你们，正好你们不在，他又不坐，问我要张纸，我又寻不得，就撕了张日历他写了。我一看，哇，是丁仃老师来过了，他竟自己寻到我家了。他说，上门拜客，不巧未遇，奉上几个福建漳州水仙，请收。一个大干部，就自己送来几个水仙头，真叫我们感动。

1992年，他的一个书法展在福建开展，他邀请了我和王益生先生去参加。我们不仅去参加了开幕式，还去看了他的家，见到他和睦幸福的一家，而且在他安排下，去福建采风，与福建的漫画家进行交流，收益很多。

1999年3月，突然闻悉他因车祸离世，年仅六十六岁，实在惋惜。

初到深圳

1984年，印度漫画家莱克斯曼到中国来，他到了北京，又到了上海，之后又去深圳，一路上，他由英韬先生陪同参观介绍。在去深圳的行程中，北京《讽刺与幽默》的漫画家江帆先生也一起陪同，上海的郑辛遥和我也一起去了深圳，从上海到深圳特区报工作的漫画家庄锡龙先生在深圳接待。我们原本都是上海工人文化宫的漫画组创作成员，现在都在报社当美术编辑，庄锡龙在深圳特区报，郑辛遥在新民晚报，我在文汇报。我们又与两位《讽刺与幽默》的老师很熟，大家在南方聚会，很是开心。在下榻的深圳上海宾馆门口，我们合了影。

江帆是江苏常熟人，1924年9月生，是我国著名的老漫画家。1949年任《苏南日报》画刊编辑，开始创作漫画。1952年肄业于杭州国立艺术专科学校，1953年起先后任《漫画》月刊编辑、中国美术馆研究部编辑，1979年至1988年任《讽刺与幽默》编委，也是人民日报社的高级编辑。听英韬老师讲："江帆的漫画，在《讽刺与幽默》第一批编

1984年，在深圳上海宾馆

委里，是最讲求艺术美的，他的漫画最有美感。"上世纪50年代，我还是个少年，常常把零用钱省下来，到旧书店里买《漫画》月刊，当时看到江帆的漫画就非常崇拜，他的画构图精美，造型夸张，用笔用色都很华丽讲究。看到他在1956年画的得奖作品《响尾蛇》，看到他1963年的国际漫画作品，都是一种享受。他的作品对我的影响是很大的。

"文革"后，1979年人民日报社创办了《讽刺与幽默》，我从小就喜欢漫画，有了这个刊物，真是开心，并尝试向刊物投稿，没想到立刻受到《讽刺与幽默》编者的热情鼓励和帮助。江帆老师和苗地老师是《讽刺与幽默》的编辑，对我一个工厂的漫画作者通信约稿，对我的作品进行批评校正。尤其是江帆老师，不仅是对我的漫画稿提出意见，还把他自己的想法、点子用商榷的口吻与我交流，有的时候，他在信笺上还画了他的造型构图，实在是使我感到，一个大漫画家，一点没有架子，完全为了办好刊物，为了创作出一幅好漫画，用自己的经验、功力，在努力提携后辈。因此，当我第一次碰到他时，心里就有一种深深的感恩之情，一种对前辈的尊敬和仰慕的心情。

当年，江帆老师刚六十岁，个子高挑，步履轻盈，正是大好的创作旺盛期。

庄锡龙，回想起我与他在上海文化宫里相识，那要有近四十年了，那时我在文化宫里当美工，锡龙在一家工厂当工人，常来文化宫搞美术创作，活动一多，就成了朋友。上世纪80年代初，锡龙应聘到深圳特区报，我进了文汇报，我们都在做美术编辑，交流也多。他自强不息，勤奋学习，像海绵一样汲取各种知识。那时我到他家去，尽管房屋低矮简陋，但他的房间却很有艺术气息，他利用斜顶改成气窗，板壁搞成淡灰色形成调子，在正面墙上挂了一幅油画，是一艘航行在大海上的帆船，从色调到笔触都很用心，把一陋室提亮了好多。当然，我也看到，那时的他有一股向上的张力，这间小屋是关不住他的！有了尖锐的思想触角，有了多角度的文化依托，又有了一定的绘画造型基础，锡龙的漫画就脱颖而出了。在全国各地和海外报刊上，崭新的视角，深刻的讽刺，庄锡龙的作品迅速得到了读者的认可和喜爱，有时一天内全国几份著名的报刊同时刊登他的多幅作品，庄锡龙渐渐成为人们熟知的漫画家。

郑辛遥，原在上海邮电局做打字员。由于天资聪颖，构思奇特，年轻的他，很快在全国的报刊上发表了大量的作品，并在国外多次获奖。在上海工人文化宫的漫画创作组里，由于年轻，大家都称呼他"小阿弟"。"小阿弟"有大能量，不久他便在国际漫坛上多次获奖，并赴保加利亚担任国际漫画比赛评委。

我们与印度漫画家莱克斯曼一起聚谈交流，参观聚餐。有好些事情是蛮有意思的，他说，他在印度的报纸上有个专栏，每天，固定的版面、固定的位置、固定的大小，画面是横的，文字在下面，画面是竖的，文字在左面。每天，他上午到报社，翻阅报刊，收听新闻，中午后创作漫画，画好以后没有人审稿，他把画稿放在旁边一个固定的插斗里，第二天，见报的就是它。如果今天放了一张白纸，明天就开"天窗"。（我后来在文汇报的第五版固定的位置，固定的大小，开辟了《天呈漫画》，也许也受到这影响，但那是二十年后的事情了。）我们问他，作为一个编辑，你不处理来稿吗？不培养新的漫画作者吗？他感到很奇怪，培养新人，那是学校的事情，他，就是个专栏作家。现在，轮到我们感到很奇怪了。他说，他与报社签约，半年或是一年，到时，报社看你在读者群中的影响，如果大家好评，认为可以续签，就再延长。当然，你可以跳槽，如报社挽留你，那你可以开出更高的要求，比如加薪、加休假等等；反之，你就被卷铺盖，到别的薪金低的报社去。

莱克斯曼的饮食习惯，我们感到很奇特，无论什么菜上来，他也没有尝过，就用右手抓过一些盐撒上，弄些咖喱撒上，用手拌了拌就塞进嘴里，我戏称他"像个兔子似的"。他吃得很少，常常看我们吃，好像看我们吃，他也很享受。他有个爱好，每次在餐厅吃饭，总是悄悄地"偷"一双筷子。在上海宾馆，他故伎重演，还没有开宴，就把自己面前的筷子连同筷子套一起塞进西装里面的口袋，还对着我和辛遥扮了个俏皮的鬼脸。当上菜的时候，服务员姑娘发现主客面前怎么没有筷子，连忙又去取了一双放上，连说对不起，大伙都笑了起来。

拜见漫画泰斗华君武

1982年的一天，我在厂里刚上班，生产调度科的小陈跑到工会办公室来找我：你有一个电话，怎么打到我们那儿了，你去听一下。我过去一听，哇，是华君武老师！他说到上海了，现在住在上海宾馆，问我中午有没有空，想请我吃顿饭，聊聊。我忙说，好，好，我来，我来！我立即向工会领导请了假，想了想，我向华老怎么汇报呢？我带些什么去呢？小

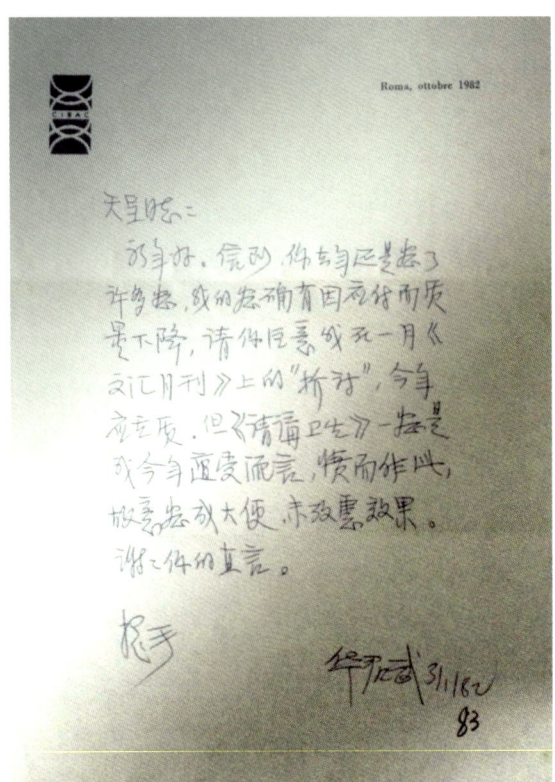

华君武先生手迹

陈笑嘻嘻地走过办公室,探个头进来说,乖乖,华君武请天呈去谈谈,好好汇报啊!我带上我的几本"漫画日记",又去换了身干净点的衣服,心里还真是觉得激动紧张。

我踩着自行车,挎了一个军用书包,向上海宾馆踏去,路上我想,华老师请我吃饭,我怎么可以就这么去了呢,我该带点什么,这样,我也带个菜去吧。于是,我踏到云南路的"小绍兴",买了只"三黄鸡"朝包里一放,向宾馆驶去。

我与华老相差整三十岁。华老是个老革命,在我的心目中是个传奇式的人物:1938年就到了延安,受到过毛主席的接见,因为画了蒋介石太阳穴上的膏药,上了被暗杀的名单,为此,上级给他发了佩枪;解放后,华老在《漫画》杂志上发表了大量的国际漫画和关于"人民内部矛盾"的漫画。华老是我特别敬佩的老漫画家。

到了宾馆,华老笑嘻嘻地将我迎进房间,还给我沏了杯茶,他用上海话与我交谈,很轻松地就聊开了,我的紧张心情一下就缓解了。他问了我最近的创作,说,你画得很多,说明你很专注,专注于生活,专注于创作。画漫画就是要专注,"一女不嫁二夫"。华老太忙了,我们的谈话老是被他的电话打断,他说,美协的工作也很重,还要尽可能地解决一些老画家的生活和住房等问题,你看,想与你谈谈话,结果,都与别人在电话里谈了,好了,走,我们吃饭去,这电话就打扰不了我们了。我说,我带了个"三黄鸡",上海特色菜,下酒好。说着,我要把包里的菜拿出来。华老愣了下,笑了,说,我请你,怎么叫你去买菜,再说,这也带不进餐厅,还是你带回去吧。

在餐厅里,我们谈得多了,从漫画到评弹,从京剧到人物的造型。我问他画的纸是宣纸还是皮纸,他说,他已经习惯用的纸叫高丽

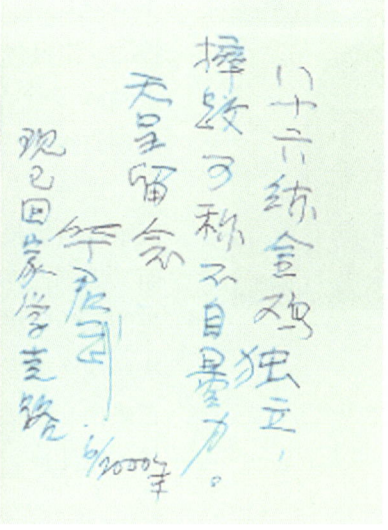

与华君武先生的合影

纸,等会儿到房间里可以给我点去试试,有用毛笔的味道。他又问了我的家庭情况,说,听美协同志说,你的创作很辛苦。我也说了,自己是独子,爱人是独女,以"独"攻"独",他也笑了。四个老人,一个小孩,父亲中风,母亲患癌症手术,岳父患严重胃窦炎,岳母患老年痴呆症,每天哭笑吵闹,我只有在家里安顿好之后,翻开缝纫机台板,才开始画画。华老听后,说,你的这些画都是这么挤出来的?不容易啊,回去向你爱人问好。

与华老的交谈,使我感到亲近,使我感到鼓舞,使我更有了创作的愿望。我们谈到了华老在一次座谈会上讲的——有谁能画一个新的"马可·波罗游记"?我说,我开拓过这个主题,也找了许多资料,但是历史上的马可·波罗与新中国的发展如何用漫画牵动起来,还没有想好。华老说,不急,想成熟,先搞成二十组再修改。谈着谈着,时间不早了,华老中午要休息,我赶紧告辞。

我心怀感激,这么个大领导、大画家,一点架子也没有,还这么关心我这么个小作者,与我像是"忘年交"的朋友。后来,我们又有多年的交往,尤其是我做了报社编辑,经常向华老约稿、讨论、交流见报后的情况,更使我感到他是一位师长,还是一位很贴心的朋友。1982年,我看到他在《文汇月刊》上的一幅漫画,批评有些人"散布流言蜚语,就像到处拉屎一样",我在一次与他的通信

2001年，与华老夫妇等在挂满漫画的上海满天星酒楼合影

中提到了这幅漫画，讲了我的一点想法，不想，华老特地为这回了一封信给我，接受我的意见，还感谢我的直言。这真是叫我感动，一位大画家，对于一个漫画读者的意见，竟是如此坦然，让人起敬啊！

2000年，华老在晨练时，不意摔倒，股骨骨折。当年6月我去北京，到医院去看望他，他竟自嘲说自己"自不量力"，练"金鸡独立"摔了，还好，换了股骨头，又能站起来了。

嫉恶如仇的英韬先生

第一次见到英韬老师是在青岛，在工人日报组织的职工漫画座谈会上，我也是第一次听他的报告。他，深深地打动了我，他表达清晰，条理明了，逻辑严密，抑扬顿挫，十分能拉住人。我当时想，真不愧是人民日报的，作报告还这么能吸引人，我加紧记录，生怕漏了什么，回上海我还要向文化官的漫画创作组传达呢。

接触过英韬老师的人，都有感觉，他的漫画跟他的性格一样，抓住本质直奔主题，辛辣而又尖刻，他编辑的《讽刺与幽默》把关很严，不能上的坚决不让上，可谓心如铁石。他在本次座谈会的发言中，十分强调漫画在政治上的正确性。他说，政治上不正确作品就失去灵魂，其他就免谈。有一幅来稿，说有一个人原来用

1982年7月在青岛（右一为英韬）

英韬先生漫画《徒劳》

公共火表,大手大脚,后来装了一个小火表,他就很注意用电了。节约用电了,那是好事啊,你讽刺他干什么?来稿中讽刺大鬓角、喇叭裤的很多,基本都不用。喇叭裤的名声不好是因为首先是流氓穿的,裤子窄了讽刺,裤子宽了又讽刺,我们的衣服够单调了,穿着打扮和人的灵魂深处是两回事嘛。

记得1986年评画时,有一幅漫画,把中国大陆和台湾地区,比喻为一只母鸡和一只蛋,英韬老师认为,这个比喻不恰当,大陆和台湾是不可分割的一个整体,就坚决地拿下。后来他在2000年创作的漫画《徒劳》,就非常确切地比喻了这一关系。他说,针灸又胀又麻才是入了穴,题材深化说到底是作者在政治上的正确性,观察问题和分析问题的能力,这是画好漫画的第一要素。

其次,漫画创作要扩大题材范围。别人用过的题材,别人用过的方法,请大家放手,要舍得放开,坚决放开,要用别人没有用过的,艺术手段是无穷无尽的,我们要有突破、创新。创作重在一个"创"字,创作就是为社会增加精神财富,作者对自己松了,就会把不成熟的作品往外拿。漫画和群众的脉搏要呼应,要做人民的知音,了解人们的喜和乐,扩大接触面,提高分析能力,就解决了题材深化的问题。

他还讲了加强作者文艺修养方面的问题。

漫画不仅仅是笑的艺术,还有文学的底蕴。标题是很重要的,我们现在称"无题"的太多了,无题,是用了题目还不如不用的时候才叫无题。想比喻、想构图的时候就应该起好题目,标题是创作的一部分,不要忽视,马马虎虎地对待标题。有的同志文学底子深厚,但也不能甘心吃现成饭,标题的重复也是惊人的。相声的格调低和演员的文学修养有关,滑稽,不能硬滑,幽默得有一定的文化程度作基础。漫画的格调要高,作者的文学基础要打好。要有生活,多方了解,不然很难入木三分。政治学习、文化学习加深了,就更像内行人提出的问题,知道工厂的情况画讽刺工业方面的题材,才能正确,才能深化。

艺术形式要多样化。自己不重复别人,甚至不重复自己,要求每张作品对自己都是新鲜的。我们的画现在很简单,很像是一个人画的,单线的多,加明暗的就少了,其实,

2006年4月，与英韬先生的合影

用铅笔、木炭都可以，外国漫画中有把环境画得很满的，对烘托人物也有帮助。我们不能"傻小子拾柴火——认准一块地"，主题相同，表现手法可以两样。

　　漫画作者要有责任感。漫画的功能一是观赏，一是宣传，宣传是主要的。其他画种很难和漫画较量宣传的作用。漫画是在社会上造舆论的，是武器。所以，漫画要"引人向上"，要求读者同意作者的观点，赞成什么，反对什么。日本的漫画作者比我们多得多，他们是连环画、广告设计都算在内的，协会也有好几个，漫画杂志很多，大街小巷都看得到，三分之一是漫画出版物，基本是一类，无聊低级的。日本的漫画家很富裕，但他们污染了社会，吃的是亏心饭。日本家长害怕漫画，怕孩子们看到这凶杀、荒诞、色情的东西。我们的画是健康的，是培养人的高尚情操的，我们不能搞低级趣味，不能迎合某些群众的不健康的要求。漫画作者掌握了技巧的笔，目前不正是上战场的时候吗？画漫画的人是要有点火气的，要勇气和严肃，当然也要幽默和活泼，要有敏锐的政治头脑和深刻的艺术手法，那才是有勇有谋啊。

漫坛实干将王益生

　　提到上世纪80年代的上海漫坛，就会想到美术家协会的漫画组织者王益生老师。王益生(1929—2008)，江苏吴县人。1951年开始自学漫画，曾任上海《劳动报》美术编辑，中国美术家协会上海分会业务室主任、上海漫画学会会长。他长期从事漫画创作和组织工作，代表作品有《责任不在我》《伯乐不乐》《全凭一张嘴》《永在心中》等。

　　1983年第六届全国美术作品展中，他的漫画《缺档》获奖，那是表现对知识分子政策不落实的讽刺。他经历过漫画界的1957年，看到许多青年漫画家一夜之间变成了"右派"。他爱人担忧地劝王益生："别画了，漫画这玩艺儿坑人啊！"但是王益生热爱漫画，他捧着一封封热情洋溢的群众来信说，人民群众喜欢漫画，他们的肯定和赞扬，让我对漫画这玩艺儿，心不死！"四人帮"粉碎后，他

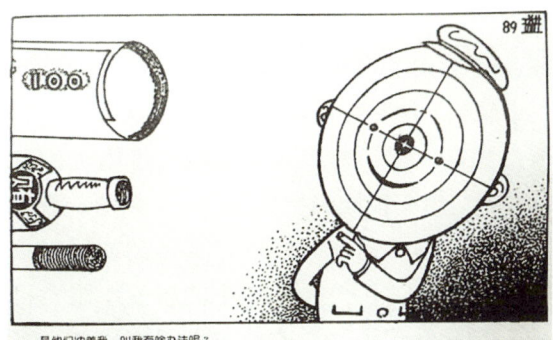

——是他们冲着我，叫我有啥办法呢？
王益生先生漫画作品

还在"五七"干校，创作了大量的漫画作品。随后，王益生立即被调进了美协，不几天，上海街头出现了一堵堵色彩斑斓的漫画墙，由王益生组织并亲手绘制。"四人帮"粉碎后"漫画上街"，全国数上海最早。这还不算，他组织的漫画肖像展览为全国最早，漫画广告展览为全国最早，漫画大赛展为全国最早，壁毯展览为全国最早，磨漆画展览为全国最早，服装展览为全国最早，可见他的思路非常超前，工作非常勤奋。

他在美协的工作，起到了很实在的承上启下的作用。他将上级的宣传要求，及时地传达布置，并组织展览、组织活动加以落实，同时，又积极地建设上海的漫画创作队伍，加强上海的漫画梯队建设。上海的许多漫画作者就是在王益生老师的培养下，参加了展览，得到了奖状，加入了美术家协会。当时改革开放才刚开始，许多地方还比较禁锢，

作为基层漫画作者，很难看到国外的漫画杂志及漫画资料。对于我们这些渴望了解国外漫画家创作手法的年轻人，王益生老师总是专门对美协资料组的何老师关照，让我们阅览新的漫画杂志及收藏的历史漫画资料。我与王益生老师，曾多次到北京、郑州、贵阳参加漫画年会，到北京参加领袖肖像漫画的讨论，到福建厦门参加采风活动，还一起到上海的民政局申请上海漫画协会的建立。

他勤奋工作，积极向上，靠拢党组织，努力学习党的方针政策，分析国际形势，构思漫画题材。很遗憾的是，他于2005年，患上了白血病，经常要血透，身体很弱。我们去看望他，他还很坚强，还开玩笑说，我都老了，却成了"吸血鬼"了，还要这么用血！他在病中还是热爱漫画，还是坚持创作，他

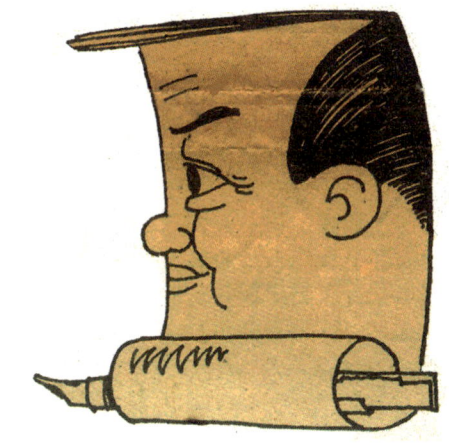

王益生先生漫画肖像

在松江漫画展上

的稿子画得很满，用他习惯的铅画纸，修改的地方用白粉，在作品的角上，签上他很有特色的"王益生"三个字。2006年，上海有个漫画展在松江展出，王益生老师身体不好，没有去，在展览会上，我和辛遥及史美诚在他的作品前留了个影，我们把照片拿给他看，让他也"看"到自己的展品。

我们都敬重这位良师益友。

住在江帆先生家里

1987年的9月，我到永宁街小学为我儿子沈知垠请了一个星期的假去北京旅游，儿子的班主任罗老师非常赞成，说，就是要走走，开开眼界，也希望孩子多看看，多想想，多收获。到了上海站，买了三张票就上了火车，又去找了列车长，补了卧铺票，一路向北京驰去。我夫人和儿子都是第一次去北京，很是兴奋，出了北京站，就找到了附近的北京晚报，想在报社的招待所住下。到那一看，招待所的厕所是在外面的，要走到胡同里去用公共厕所，我夫人感到不能接受。眼看已经下午近五点了，住的地方还没有落实，真有点着急了。于是，我们走出招待所，我给江帆老师打了个电话，他马上说，到我家来呀。我们也没有去处了，就拖了箱子，按江帆老师的嘱咐，搭乘电车到朝内大街，江老师早就在他那四楼的窗口看到我们了，立刻到楼下来迎我们。到了他们家，见到江老师的夫人钱静华老师，正巧他们和我夫人都是常熟人，便用乡音攀谈起来。九岁的儿子见到江老师家这么多图书画册，高兴地东张西望，而江帆老师家的大屏幕电视上放的动画片更是让他乐不可支。

江帆老师张罗我们在家里用晚餐，当得知这次是我们结婚十周年出来旅游，他高兴地说：好！还说，回上海的时候，坐飞机回去。儿子一听，高兴得一蹦一跳的。江帆老师拿了一罐啤酒，拉开后倒给我们说，祝你们结婚十周年快乐！

晚饭后，江帆老师在书房里，一面抽烟（当时他的烟瘾很大），一面又与我谈起了最近的漫画创作，还拿出录像带放映了国外的动画片，那是比较新版的片子，在电视机上播呈后，屋里一片欢笑声。之后，我睡在书房里，夫人和儿子睡在客房里。晚上，我转而想，我这样的不速之客，打扰这样的大画家，一个外地的漫画作者睡进了人民日报高级编辑的家里，把人家吵扰得不能好好创作……

我自己当了编辑后，常常收到江帆老师的画稿，都是28公分见方的水彩纸，每一幅都画得十分认真，用的手法很见功力，浓淡相宜，布局得当。我常常看了又看，爱不释手。在他家书房里，我有幸见到他的许多原稿。他准备出书，许多稿件都想重新画一遍。他把画好的稿件给我看，是A2大的水彩纸，用色非常考究，在原有的稿件基础上又不断在更新，看上去用笔很随便，很轻松，实际上十分认真，再三推敲。我看了之后，深感惭愧啊，重画是非常难忍的。初画是下手新鲜、思路畅述的，而重画是枯燥的。而江帆老师居然把原图还放大，再加工，再提高。他与我谈起漫画的人物造型，非常强调形式美，坚持要"化丑为美"。只见他在书桌上取下一张纸来（他习惯用水彩纸），用钢笔蘸了黑墨水在纸上作画，他不打草稿，铺纸凝思打腹稿，画上落笔后就一气呵成，不满意就团了扔掉。他下笔很重，很肯定，钢笔尖常常被按得趴开，以至于在纸上留下双线条，但是，正是那种自信，画面很流畅，造型很活跃，人物很生动。他构思创作的认真劲，他绘画技巧的高超，都给了我深深的印痕。

第二天，江帆老师联系了吴兴宏先生，给我们安排了中央机要局招待所，我们搬到了皇城根北街，安顿好后，吴兴宏先生还拿来了两张中南海的参观券，让我们在北京玩得很开心。

沈知垠第一次乘坐飞机，从北京飞回上海，很是兴奋。现在，经常来往北美，一次要乘坐十五个小时，很是嫌闹。现在他是个专业作家，在他所著的小说里、影视剧本中，也常有初萌时期的影响。

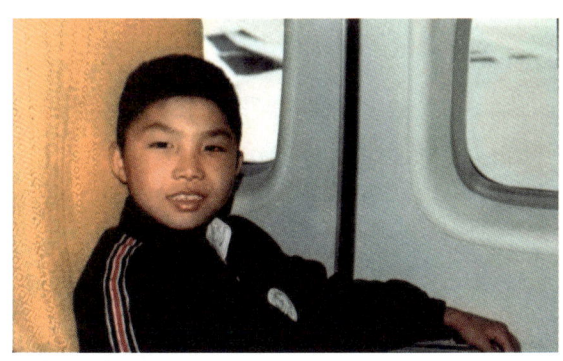

九岁的沈知垠

在哈尔滨空军第一飞行学院

1988年夏天，华君武先生到哈尔滨空军第一飞行学院，这里有一个"银鹰漫画组"，业余漫画创作开展得很活跃，华君武给他们讲过课，与爱好漫画的战士一起活动，还为这个漫画组创办的《军校漫画》题写了刊名。他盛情邀请我与他一起参加活动，并一起在东北采风。

华老对东北是很有感情的，1946年夏天，华君武和鲁迅艺术学院的几位同志从延安辗转来到哈尔滨，在当时的东北日报工作。此时，国内的形势正发生新的变化，蒋介石在他"和平方案"的背后，大肆积蓄力量，发动了全面内战。蒋介石的反革命行径激怒了有良知的中国人，华君武更是怒不可遏，他满怀激情地画了一幅《磨好刀再杀》的作品。1947年，

在哈尔滨第一飞行学院

跟华老在哈尔滨太阳岛

华君武老师和宋琦老师的大儿子端端在佳木斯出生。这次，华老夫妇和端端、露阳夫妇也一起到了哈尔滨，还要去看看佳木斯。

哈尔滨空军第一飞行学院的官兵们非常热情地接待了我们，让我们参观了部队，看了战士们的生活和作品，中间有一位很有创作才情的漫画作者，那就是当时的少校军官张滨，后来，他成为中国著名的漫画家，多次获得国内外漫画大赛的奖项，并调入广州日报任高级编辑。

8月8日，学院的副院长及政治部正副主任都以漫画爱好者的身份一起参加座谈，华老将五十多幅漫画用幻灯片的形式与大家交流，他还当场作画示范，让战士们一饱眼福，赞叹不已。学院韩院长还代表全院官兵向华老表示谢意，还向华老和我各赠送了一架小飞机模型和学院纪念徽一枚。

华老每天起得早,一般六点前就起床,在学院的道间散步。他见我也起了,就打招呼说,你也早起?我说,由于家里的情况,也没有睡晚的习惯。于是,那几天,我早上就与华老一起散步。他总是带着扁扁的半导体收音机,听广播,听新闻,我们一边聊天一边对新闻中的事评说。一次听到北京那个跑到法国去的画家,他非常愤怒,连说"怎么这么不要脸",说着说着,又掏出小本子记了几笔。我想,"愤怒出诗人",也许,他又想到什么漫画构思了。

华老在哈尔滨时,就谈到要把自己的漫画展览办到基层去,让工人看,让农民看,让战士们看,让基层的干部和群众看,请他们提意见。他说,我们的创作作品是来自生活,来自群众,也应该回归到基层。他问我,把展览办到工厂去,你看,到你的老东家上钢三厂去怎么样?我说,好啊,我来联系,工厂的师傅们听到这消息肯定高兴。

我们一行参观了黑龙江农垦科学院,参观了他们的计算机房及科研成果,科研所的同志请华老在他们准备的纸墨上"画一个"。华老年已古稀,而且作画时间较长,于是,我就即刻画了一幅漫画,华老在上面题了字,盖了章,大家都鼓起掌来。

欢送辛遥东渡日本求学

辛遥是上海漫画界的"小凡尔"(小阿弟),生性聪慧,绘画中充盈着智慧和快乐,他擅长画幽默漫画,在简约中讲述繁复的哲理。在创作路上,在选择发展的路上,也常有惊人之举。在人们捧着"铁饭碗"的时候,他辞去了邮电"银饭碗",跳出岗位做起了专职漫画作者。1987年,上海《漫画世界》出刊,辛遥担任了杂志的编委,成为真正的专业作家。然而,1988年,小阿弟又有惊人之举,他又离开《漫画世界》,保留编委,东渡日本"读书去了"。

我问过辛遥:依刚刚在《漫画世界》杂志,

我在黑龙江农垦科学院创作的漫画

左起为史美诚、潘顺祺、王益生、郑辛遥、杨维邦、天呈

做了新民晚报的记者，怎么又都放下了，又到日本去了，去读什么あかさたな はまやうわ？他说，漫画他是不会丢掉的，日本是个漫画大国，肯定是有它的道理的，他要趁年轻的时候，去闯荡，去观察，去摸索漫画的真谛。他是带了一个站立到世界漫画山巅的计划而去开拓的，放弃职务薪金，自掏腰包淘金，不容易。我们约了几个漫画兄弟和王益生老师到我家一聚，送辛遥出行。

5月22日，就在安澜路我家聚了。当时的住房很局促，就是要放下一桌饭局，也难。一共十平方米的地方，放了圆台面，就放不下沙发。于是，把床单翻了，沙发堆放到床上，把借来的圆台放在方桌上，齐成了一桌，苔条花生、油爆虾、皮蛋白肉三黄鸡，上海菜吃得也蛮开心。饭后，把圆台拆了，沙发放了下来，泡了几杯咖啡，算是坐定了聊天。

益生老师是美术家协会负责漫画创作的，又多次与辛遥和我一起坐火车出去参加漫画会议。在火车上，经常是益生老师下铺，我中铺，小阿弟上铺，可谓是"老中青"。记得一次，辛遥在铺上要为我画张漫画肖像，没有纸，随手拿了张草纸，才几笔就画成了，而且这粗糙的肌理效果很是奇特。益生老师也喜欢小阿弟的才华，对他的东渡也既高兴又不舍，他说，还是要多与上海联系，争取早日学成回来。

我说，辛遥，你还记得吗？1987年1月，北京特别的冷，我们一起去参加漫画会，大家准备第二天去看看《讽刺与幽默》编辑部。那天晚上，我们和潘顺祺，在只有三平方米的招待所厕所间里，在浴缸中间搁了块板，将一个凳子放在板上，为的是将丁聪先生珍藏了三十多年的一本漫画肖像画册拍下来，房间的灯光太暗，浴室的灯低好多。我站在浴缸中间，你按着本子，我们用还舍不得拍天安门广场的彩色胶卷，把一张张漫画肖像拍了下来，急切地想学习。辛遥，你这次到国外去，能看到更多、更精彩的资料，要给我们带回来开开眼界啊！

美诚兄是工人文化宫漫画组的大哥，人称"老凡尔"，他那时的香烟瘾头大，老抽烟。他说，小阿弟出国去了，老阿哥要想的，来，抽根香烟。于是，有了辛遥抽烟的镜头。他说，下次要到上海来再闻到香烟味道了。

华君武的连载漫画《疑难杂症》

1985年5月至1989年9月，华君武先生的漫画《疑难杂症》在文汇报上连载，几乎每月一幅，共58幅。作品以独特的视角、深刻的观察和犀利的讽刺手法，赢得了读者的一致好评。华君武先生的创作态度是非常认真的，他的作品一般都以挂号信的方式寄来，画面十分整洁，没有任何涂改。有时，他会画几幅，挑好的寄来，寄出后如果又有新的构思，会打电话来说"慢点用"，然后重新画了再寄来。他不允许自己的作品存在遗憾。华君武的代表作《孔乙己不识洋酒吧》就画了三次，认为原先画的酒吧还不够洋味，又感到里面的英文不够大，就又画了遍寄来。一个老漫画家，如此创作态度，让现在一些"出门勿认货"的作者汗颜。

华君武先生是中国漫画界的泰斗级人物，完全称得上大师，但是，他却保持与编辑平等的关系，全无傲慢与盛气。在编辑《疑难杂症》系列漫画时，华君武还接到过退稿，他非但没有发火，还感谢编辑的直言和意见。

我作为这组漫画的编辑，深深地感觉到华老的敬业精神，他身体力行的榜样力量一直激励着我们。他曾对这组漫画有过一段论述："人性里有一些非常丑恶的东西：有人爱打小报告，有人爱说人长短、挑拨是非，

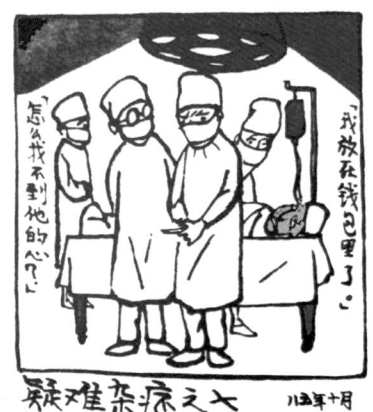

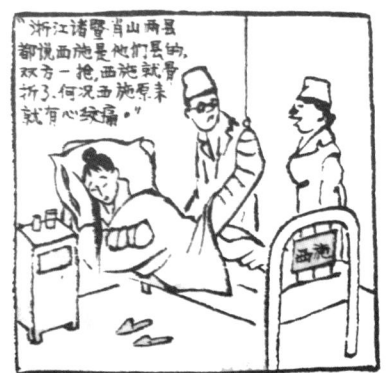

漫画《疑难杂症》

旧社会把这些恶习常常推在妇女头上，称之为'长舌妇'。其实，男人中何尝没有'长舌男'？……我从计划生育里采用的结扎手术，找到了治疗'长舌症'的办法，打了结的舌头形象出现了，而且极有漫画的可笑效果。画中又加上了两句对话，这也是很重要的。一幅画从绘画到文字，其目的都是为了加强作品的艺术效果，但现在我们有些漫画常常不重视文字，我认为是很可惜的。"华君武以自己的创作实践和创作理念，对中国漫画界起了很好的启迪和引导作用。

绘画滑稽王小毛

1987年，上海人民广播电台推出了一个新栏目——《滑稽王小毛》，这是个广播滑稽小品栏目，它把滑稽戏和广播剧结合起来，既有广播剧的各种手段，比如音响效果的运用、解说旁白的穿插，同时又处处表现出滑稽戏的个性，如时空的变化和戏曲的攒差。

这个栏目以王小毛这个人物形象贯穿情节，每集独立成篇，有时也可以互相关联，有分有合，自由灵活，不拘一格。王小毛是一个既有当代青年共性，又有独特个性的艺术形象。他热情善良、耿直诚实，憨厚中不失聪明，机灵时又寓淳朴。他助人为乐又嫉

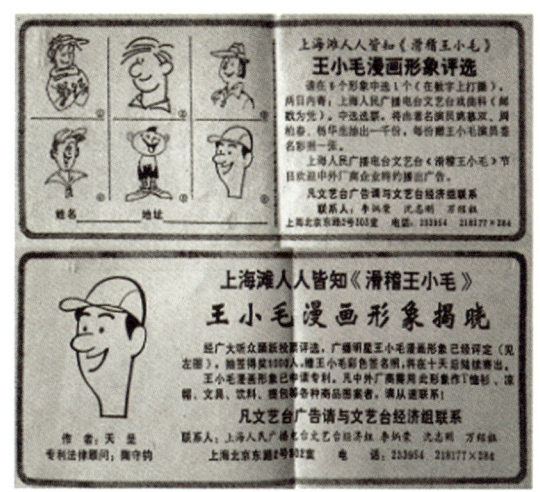

王小毛漫画形象评选启事

恶如仇,总是以独特的行为方式去匡正时弊、扶正祛邪。但王小毛作为一个平凡普通的青年,不是完美无缺的,他的缺点和不成熟使他在生活中常常闹出笑话来。但正因为如此,听众才觉得王小毛可亲可爱,真实可信,产生感情上的共鸣。

"王小毛的父亲"是上海人民广播电台戏剧频率、文艺频率主编葛明铭,《滑稽王小毛》创办于1987年5月11日,它的开播受到了许多听众的热烈欢迎。

1988年,上海人民广播电台决定要塑造一个王小毛的漫画艺术形象,可以在连环画、T恤衫、贺年片等等地方用,扩大影响力。电台在征集了几多漫画造型后,选出了六个,在上海的几大媒体上登载,由读者们来投票"选举",经过评选,选中了由我设计的一个造型。从此,在"笑也是乐,乐也是笑"的乐曲声中,王小毛欢蹦乐跳地与读者们见了面。

"王小毛之父"葛明铭是个完美主义者,每次设计一个贺年片、一张海报、一片光碟,他总是"横挑鼻子竖挑眼",反复反复再反复。有一次,他在我的家中"反客为主",坐到我的桌前,自己动起手来。

自从确定了王小毛的漫画形象后,直到葛导演退休,每年的贺卡都是由我来设计,而且,基本都含有当年的生肖属相。

每年,总有一次新年的"贺卡发布会",会与众多"王小毛迷"一起联欢畅读,台上台下喜气洋洋,有的"王小毛粉丝"居然把贺卡集成一串,连我这个作者都自叹弗如啊!

在深圳与庄锡龙联合办展

庄锡龙是我在上海南市区工人文化官创作组里认得的。上世纪80年代初，锡龙应聘到深圳特区报，我进了文汇报，都在做美术编辑，交流也多，还在深圳举行了一个漫画两人展，更是成了挚友。我与锡龙都长得人高马大，我比他高，他比我壮，两个南方人像是一对东北汉。

锡龙的多面手在漫画界很是出名。他有语言天赋，他的籍贯是广东，上海是他的出生地，广东话、上海话自不必说，但是，四川话、东北话、山东话、山西话、宁波话、绍兴话、扬州话，他都可以说，而且入腔入调。我们一起出差，他常常拿地方话与饭店服务员"套近乎"，与商店营业员"砍价钱"，弄得大伙都乐乎乎的。有一次，他和一个漫画家旅游团到欧洲去，他竟充当了团队翻译，用英语加手势再加漫画，硬是顶了十多天，不仅解决了大家的吃饭、如厕和参观的事情，还在米兰机场，为一位北京漫画家解决了一件箱包损坏的理赔事件。他会口技，嘴里老是唧唧喳喳的，常有小鸟在欢腾雀跃。在踏青郊游时，他会摘一片柳叶含在嘴里，就有一阵欢乐的虫鸣鸟叫传出。

锡龙到深圳去，如龙入海，上下翻腾，房子改善了，再不像上海那样，挤在一个小

方成先生参观我与庄锡龙的两人联展

屋里，工作换了，干上了自己喜欢的美术编辑，又有了自己的画室，于是，有了一片新天地。他很孝顺，也顾家，常常把他的老母亲接到深圳去住上一段日子，开心得老太太经常说，锡龙，好，他吃力，忙里忙外的。深圳是个开放的城市，各地的漫画家到深圳去，经常要他帮忙办香港通行证，有的要办画展，也要他张罗搭手。他像是个漫画联络办事员。

1989年，他约我在深圳开个两人联展，在1990年的春节开展，我说，好啊。那年，正好我爱人视网膜脱落，做了手术，医嘱不可做用力的事，于是决定到深圳过年，省却过年要做的许多家务活。1990年1月，我们一家三口到了深圳，下榻深圳日报招待所。那时，庄锡龙的家可比上海大得多了，有房有厅，又有阳台，大大的电视机，还有很大的创作台。我说，你到深圳是对了。

展览放在深圳博物馆，我们两个人各拿

出六十幅作品,展品对开大小,布置了两个展厅。正在深圳的著名漫画家方成先生前来观看了展览,他高兴地说,你们两个,年龄相仿,经历相仿,身材也相仿,希望你们为中国的漫画事业多添砖加瓦啊!

那年的大年三十晚上,我才领略到深圳的烟花爆竹的厉害,大楼的墙上从上到下垂放了长长的"大地红",那声响就像要把这楼房炸了似的。锡龙说,这是在庆贺咱们的画展成功呐,嘿!

在常熟陪江帆老师故地重游

1990年6月,方成先生、丁聪先生、江帆夫妇和我们夫妇一起到常熟度假,常熟书画院及著名的书法家、言子第八十四代孙言恭达先生热情地接待了我们。江帆夫妇是常熟人,丁聪老师是上海人,我们陪江帆老师故地重游,很是开心。我们下榻在琴湖饭店,当时常熟的条件还没有现在这么好,上下楼梯没有电梯,防蚊还是靠蚊帐。一天早晨,七十多岁的丁老拿了个脸盆在招待所的走道上洗衣服,有人要帮他洗,他笑呵呵地说,自家啥辰光汏,啥辰光晾,晾干了自家穿,勿受人家辰光牵连,格多少开心。

我们一行来到言子墓的牌楼前,江帆老师在言子墓的丘坡上,高兴地用常熟话对言恭达说,小时候就是从这条小路上跳着去上小学的,还在山上放风筝。他用手指着铺着石条的山路,很兴奋地说,现在跳不动了。我看他的眼神,完全是个顽童。江帆的夫人笑着说,看到这一路上喝茶聊天的茶客,听着那袅腔别音的家乡话,他就激动了。到北京已经四十年了,可是他乡音难改,说着就

在常熟度假,从左至右依次为江帆、方成、丁聪、天呈、言恭达

在尚湖饮茶

有那常熟音流出来了。想想,身在京城的江帆先生会给评弹大家蒋月泉画漫画像,给滑稽大师周柏春、姚慕双画漫像,给《十六岁的花季》中的战士强画漫画,他,热爱江南故土,一直怀着一番思乡之情啊!

看了兴福寺,吃了血糯米,来到了常熟方塔,那是常熟书画院的所在地,书画院的成员聚聚一堂,欢迎我们的到来。我们观看了书画院的作品,又看到墙上的名人录,有言子、翁同龢、张光斗、王淦昌等,当看到蒋云仙、江帆时,江帆老师笑着说,不敢不敢!大家想请我们作画,但我们还要去参观翁同龢的故居,就请言恭达先生写了几个大字,然后我们在落款处签了字。他们看我空着,就一起发声,要我留几个字,拗不过了,拿过笔来,想了想,写下:"常熟常熟,常来常熟。"大伙喝起彩来,嚷着让我在落款处写上"常熟女婿天呈",大笑。可惜,那个时候没有手机,没有数码相机,没有留下照片来。

华君武先生在钢厂办漫画展

在华君武先生的提议下,我联系了上海美术家协会和上海第三钢铁厂。1990年,华君武老师在上海美术馆举办了他的第一次个人画展后,就把他的部分作品搬进了上钢三厂。他真诚地为工人师傅奉献他的创作,请他们提意见,作改进。上海美术家协会秘书长徐昌酩先生对华老的行为大加赞赏,他陪同华老夫妇,一起参加展览活动。在钢厂第一线,他们戴上安全帽,看了炼钢厂和轧钢厂,还饶有兴致地看了钢厂工人的漫画作品展览会。

作为延安文艺座谈会的与会者,华君武老师身体力行地提倡艺术为大众服务。他对基层的美术爱好者真诚相待、耐心帮助、广交朋

我为丁聪先生画的漫画像

华老参观职工漫画展

漫画《车站送别有感》

友,让艺术真正走进人民,服务大众,产生了广泛的社会影响。在上钢三厂,他在食堂里吃饭,问工人师傅对自己的漫画的意见;在座谈会上,对大家提出的问题,悉心地解答。我记得,有一位同志问到了《车站送别有感》那幅画,华老笑着说,这是他自己的经历感受,大概是工厂的师傅们不大感受到的,是对官场中的迎来送往讲究排场的一种讽刺。华老讲到这儿,大伙都笑了。华老爱他的观众、读者,读者、观众们也爱看他的漫画。他的作品最为普及,最为广大读者喜闻乐见,华老可以说是最成功的中国漫画家。华君武先生不仅借助漫画作品传达了社会所需要的批评精神、讽刺力量,更可贵的是,他充分发挥了漫画为人民群众喜闻乐见的独特优势,通过艺术的方式传播教化、担当社会责任,充分体现了一位优秀艺术家的社会责任与担当,显示了他伟大的人格魅力。

一封用漫画绘就的投诉信

有人说,音乐是世界语言,其实,漫画也是世界语言。我用漫画作为语言就作过一次国际投诉。

事情是这样的,1988年我买进了一台冰箱,是全进口的,不料在一年多以后就不能制冷,好不容易把这台230立升的大家伙扛到楼下,送到修理部,又是敬烟又是作揖,外加付费。修好后两年多,又不制冷了,只好再扛去修理,被告知是内漏。这使我感到很窝火,商店已不担责,工厂又远在地球的另外半边,投诉又不懂意大利语言。这时我想到了漫画语言,就画了一组漫画,诉说自己的遭遇,寄到了意大利,心里才算有了点平衡。

投诉漫画

过了约一个多月的一天,我在家接到了一个电话,一位外国女士用半生的汉语对我说,他们是从意大利来到上海的工程师,约我到他们下榻的宾馆去谈谈那台冰箱的事情。我到了宾馆,那位在哈尔滨读过汉语的意大利女翻译和一位工厂的男工程师热情地接待了我,说,他们的老板看了我的信后,就对他们说,不要任何翻译,就已经读懂了这位中国用户的投诉。

看来,漫画语言还是相通的。

漫画《先见之明》

先见之明

这是发表在 1991 年 6 月《讽刺与幽默》上的一幅漫画,触发我创作灵感的纯粹是一个"偶然"事件。那天,我踩了自行车回家,途经浙江路那儿,有一段路因为下雨积水而垫高了,而那消防龙头却埋了半截,一天两天,一周两周,也不见改进。于是我就注意了,发觉这个现象还不是个别的。我就联想,要是遇到火灾了,消防出车了,到了那儿,龙头埋了半截,取不到水,那怎么办?那应该有人带一个镐子啊,于是,消防车出车了,后面一个小个子扛了一个镐子,同车的战友们都惊诧地笑话他了,他却一脸的不屑。到了现场,消火栓埋在了地下,大家只能等着,等他掘开埋土,才能取水,这小个子真是有"先见之明"啊。

漫画的构思似乎在"不经意"中,好像是有"先见之明",其实是需要时时刻刻用心,一刻不停地"开动"。与詹同先生到河南去,一起在路上散步,他常常会捡到"好东西",一会儿捡到青花碎片了,一会儿捡到卵石了,甚至还捡到"瓦当"了,那是他注意、留心,张望着地上,所以常有"惊喜"。漫画也是,常常留意,就会有料。一天,我坐 11 路电车,售票员喊:大东门到了,我朝车窗外一看,这电车的牌子坏了,倒吊在那儿,正好 11 路,倒过来也是 11,嗨!回家我就画了一幅《大东门倒了》,《新民晚报》马上用了。有读者打电话给我,说,这个善意而有趣的批评好笑。第二天,我特意踩了自行车路过那儿,他们立即改正了,车牌扶正了——漫画意见还有点用。

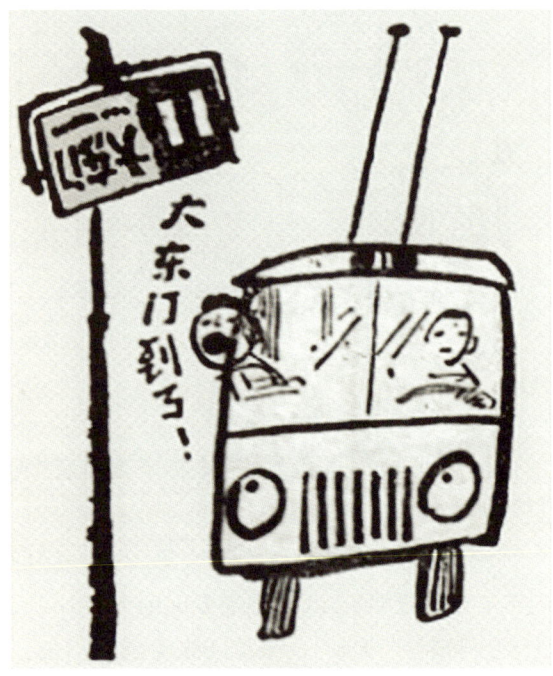

漫画《大东门倒了》

拜访张乐平先生

1984年,我作为第六届全国美展漫画展区的评委,从长沙参评回到上海,就到张乐平老师家里向他汇报评展之事。我还是初次到五原路他的住所,刚踏进乐平老师家里,我既紧张又拘谨。可是作为德高望重的漫画界老前辈却是笑吟吟地把我引进他观看电视的小间里,问我这次上海入选作品的数量,全国入选漫画作品的质量,又关心地问起他的漫画朋友们的近况。当我告诉他,他的那幅《三毛学科学》已经作为优秀作品入选北京展览时,他笑着说,应该让年轻人多有机会参加展出。接着他又笑着与我谈起家常,他喜欢看足球比赛、喝喝黄酒,谈话既风趣又亲切,使我完全忘却了刚进门时的局促和拘束,真是难怪有那么多的少年儿童爱上了这位可敬的老爷爷。

1991年的10月里,漫画家庄锡龙到上海来,说是第二年5月是《深圳特区报》创刊十周年,准备出本纪念画册,想到上海邀请一些书画家致贺,非常希望得到漫画前辈张乐平先生的支持。我知道,那几年,乐平老师的身体一直不太好,经常住院,虽然现

在和平饭店与乐平老师合影

在出院在家,但要去登门求取书画,恐怕勉为其难。记得在1991年7月,文史专家魏绍昌先生借上海和平饭店为四位同肖狗的八十岁高龄的谢稚柳、唐云、吴青霞和张乐平老画家作聚,因为我也正好肖狗,魏老先生也邀请我这条"小狗"一起作陪。聚会之间自来画兴,铺开了丈二匹于案上,吴老先画了一丛牡丹,谢老补了一叠山石,唐老绘了几株墨兰,我看到乐平老师站到案前,执起笔来,却双手颤抖,但他还是很努力地、尽力地在山石边补了一双灵芝草。他确实虚弱,我们这个时候去打扰他,实在是不忍。

第二天,我与锡龙一起来到乐平老师家里,先生坐在书房的藤椅上,青花蓝的土布铺在椅座上,显得素雅清净。乐平老师听我介绍了锡龙后问,有什么事情么?我们说,没有什么事情,就是来探望一下老师。可是,乐平老师笑着说,那为什么要代深圳特区报的社长来问我好呢?锡龙见此,才说明来意,但劝说乐平老师千万不要勉强。乐平老师握着锡龙的手说,画恐怕是力不从心,字一定写来,深圳是改革开放的前沿,创刊十年了,是开心的事情。他打趣地说,如果身体好了,就到深圳去看看。又说,如写好,就通知我,由我去取了寄深圳。

从乐平老师家告别出来,一路上,庄锡龙感动得直夸:老先生真好!老先生真好!可惜,隔了一星期,乐平老师又因病住进了医院,始终没有留下墨宝。但他那笑容可掬、精神慈祥的形象却始终留在我们的心中。

用传真机发稿

过去报纸的漫画用稿是比较麻烦的,作者作的画一般是黑白16开大小,画好以后要送到编辑部,编辑审阅通过后送去制版。先按版面的要求,画出比例,写明有多少字的宽度,如果画面上要有暗面的网纹,则要用蓝色的铅笔在相应的地方涂上,制版工人再按要求贴上网版,如果要在画面上有深淡,那就要作更难的贴网。

没有邮箱,没有传真,没有彩信,更没有视频、微信,唯一的方法就是人送稿到报社。在上个世纪80年代,美术编辑是要值夜班的,

我们全家高高兴兴地接收拜年传真

我的新闻漫画作品

随时做稿。我经常被报社的汽车从家里接走，往往是晚上十点左右，在接我去报社的路上，文字编辑与我谈要配发的漫画的主题要求，到了报社，马上铺开工具，立即构思，画出作品，这类稿件一般由值班总编审定，立即制版。这种急就章的活儿真是考验人，却也真是锻炼人。思路快，校准快，出手快，见效快。

有了传真机后，一般是传文稿，不传画稿。而且，当时的传真机管得很紧，用的人要登记，一般我们也不会去用。报社体育部有传真机，他们要及时收到国外的比赛情况，新闻的时效性很强，今天不用明天就没有用了，刚看的比赛，画了漫画等明天送到报社去，文稿早就用了。于是，我自己买了台传真机，用来传黑白的漫画，嗨，还真行！体育部收到了，他们的主任，著名体育评论家马申，立即用了，还与他的评论连了个档。这家伙，立马自己画了一幅"漫画"，对我讽刺了下，这张作品，我一直保存着，现在拿出来晒晒。这可是他的"处女作"。

后来，传真机用得多了，它的及时、高效的特点也越来越得到承认，许多人都开始运用起来。有一次报社组织了一版揭示法轮功骗局的漫画，时间非常紧迫，就是利用了传真机，三天里就组织稿件出刊了。华君武先生的漫画《哈哈镜里老鼠精》，就是用传真机传来的，该作品获得了中国新闻奖一等奖。

运用新的传稿手段，不仅争取了时间，抢得了新闻时效，而且，又加强了朋友、同事间的交流和联系。那年新年，解放日报的老朋友张安朴发来传真拜年，我们一家高高兴兴在接收传真的景象，被拍了下来，刊登在《解放日报》。

现在的传输全不一样了，报社要求的版面，一个短信、一个微信，马上通知到了，文稿立即传来了，构思好了，具体素材上网一查，创作完成，邮箱里一传，成了！

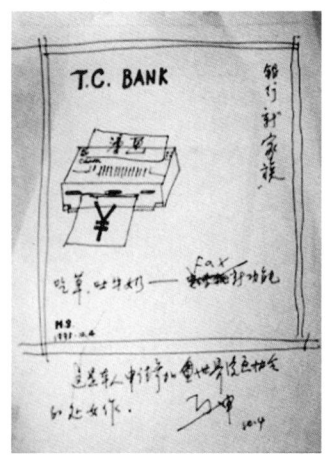

马申的漫画"处女作"

喝喜酒喝出个"中国新闻奖"

1992年,我国农村在改革开放的道路上已经起飞。

那年春节,我到江南农村去参加一个婚宴,甚感农村富了,农民富了,也看到了农村婚宴的一些风俗和排场,于是,我用"漫画日记"的形式把婚宴记录了下来:农民的新楼房造得很漂亮,然而却贴了一条条黄黄的符,与旁边红红的双喜成了对比;墙边架起了行军灶,杀鸡排了个流水线;剁猪蹄菜刀不够用,连木匠的斧子也上了阵;甘蔗挑被子嫁妆,意寓日子红红火火;农民也用上了摄像机,记录了这热烈喜庆的场面……

回到上海,报社值班总编看到了我的漫画素材,感到非常好,马上要我挑选一些,准备发在报纸上。于是,我整理了七幅漫画,起了一个标题《农村喜宴漫笔》,在《文汇报》上发表了。这组漫画刊出后,在读者群中反响很好,大家感到这种形式的报道,生动有趣,形象贴切,确实看到改革开放后,农村前进

漫画《农村喜宴漫笔》

的脚步和乡村的土味；此外，在漫画圈内也得到了很好的评价，说，《文汇报》能用这么大的篇幅，用漫画的形式反映社会，是带了个好头，作为漫画作者，就是要深入基层，颂扬进取。

这一年，漫画《农村喜宴漫笔》获得1992年中国新闻奖二等奖。

2017年，我又到常熟农村去，参加一个孩子周岁的喜宴，那是更加的豪华铺张。农民确实是富了，也有炫富的念想，看到这排场的朋友与我开玩笑说，二十五年前，你画了一组漫笔，得了个中国新闻奖，现在这场面大了去了，你再画一组，肯定能得更大的奖。我笑了，说，他们的夸张程度都已经超过漫画的度了，一百多桌，十多人洗碗，每桌五粮液，每人中华烟，烟酒花了十万，大厅两边打上巨大的二维码，来客用手机扫了开奖，农民不仅富裕流油，还用上了高科技炫耀；我画这样的漫画，如果没有照片，看画的人也不信，还以为是漫画的夸张呢。

我不干了

这幅漫画《我不干了》获得了1992年《人民日报》"讽刺与幽默奖"。当时，为了吸引更多外资来投资项目，有些企业的干部摆出了中国人习惯的"好客"和"讲排场"。漫画中一位干部，摆好了丰盛的酒宴，举起了酒杯说：为了我们的合资干杯！那位合资的外宾看着如此排场的宴席，惊叹一声：我，我，我不干了！！这句话运用了同音多意的点子，一个是"干杯"的"干"，一个是"干活"的"干"，形成喜剧的矛盾形式。

为了加强对主题的反映，必须对矛盾加深

——为我们的合资干杯！
——我……我不干了！

漫画《我不干了》

描述，所以，在绘画上，对丰盛的酒席进行了不厌其烦的描述，丰盛佳肴，琳琅满目，杯碗盆盏，冷盆热炒，名酒饮料，层层叠叠，读者越是感到这个宴会的奢华，对主题的开掘就越深。随着改革开放的深入，我们对外资的合作也有了新的认识，同时，形式也有了根本的改变，改变了当时那种浅薄的引资手法。

中国美术家协会漫画艺委会主任徐鹏飞说，《我不干了》这幅漫画创作时，漫画界在绘制上普遍比较简单化，不像现在，很多漫画作者也在造型上、构图上、场面上、色彩上，积极努力，与国际接轨。这幅画之所以能获奖，一是构思好，"我不干了"，双关语，不用多解释，大家一看就知道；二是，色彩上、造型上、线条上，包括人物的黑白处理上，都非常好，尤其是宴席上的食品，刻画得非常好，非常概括，给人一种视觉上的冲击，体现了天呈同志的风格。

一幅抒情漫画

1992年，漫画《留守女士》获得了中国漫画的最高奖——金猴奖。上世纪80年代，国内有一股出国潮，也因此衍生出了一个特殊的群体——"留守人士"，其中有不少故事都十分曲折。我在想，漫画的主要职能是

漫画《留守女士》

讽刺，也有歌颂，也有幽默，要是画一幅反映"留守人士"的漫画，该是从抒情方面开掘。

画面上，装修华丽的客厅里，一位美丽优雅的女士手持鲜花坐在沙发上，沙发扶手边堆满了海外航空来信，脚下的地毯上印着美钞的图案；墙上挂着夫妻俩的甜蜜合影，另一只沙发上却只有一个空洞的丈夫，头戴礼帽，身穿西服，手里拿着一把吉他；茶几上放着电话、时钟和美酒。漫画很注重对细节的刻画，留守女士手捧着鲜花，把读了又读的来信放在胸前，她注视着电话机，盼望着铃声响起，两杯已经斟好的酒杯，向往着能与远去的他互相对饮；可是，吉他上的弦

已经断了几根,小钟上的指针已经丢失,插在心上人上衣口袋的鲜花已经枯萎,空有那蓝绿色的美钞上的外国人在对她疑惑地张望……她,在留守,在等待,在巴望;她,似乎在精神的监狱里,衣衫上的横条犹如囚服,她画在四边的五笔记号,就像在牢房的累计日子。她,太受折磨了,我同情她!

著名文艺评论家郑重先生说,《留守女士》把我们带到无限的时空中去,说她是今天的"留守女士",也可以说她是古诗中"悔教夫婿觅封侯"的闺中少妇,或者说是人类普遍的离别之苦、之痛、之悲伤、之孤独。《留守女士》的耐人寻味就在于它的"漫味"。它的"漫味"就出自那模拟出来的"离人"上:戴在衣架上的礼帽,象征着人物脖颈的衣架挂钩,空空的袖管,断了弦的吉他,特别是那双空壳的皮鞋,令人感慨万千,味道全出来了。如果没有这股子"漫味",这画也就没有特点了。《留守女士》是通过精心构思、缜密构图、细腻刻画来营造这"漫味"的。

作品在北京中国美术馆展出后,也得到了许多漫画界前辈的鼓励和赞扬。

海峡两岸暨香港导演"聚会礼物"

1993年1月,第二届海峡两岸暨香港导演会议在上海举行,老朋友们见了面,又是拥抱又是欢跳,登上了文汇报的观光楼,看外白渡桥,听海关钟声,眺望东方明珠电视塔,又到老城隍庙绿波廊聚餐;张艺谋、孙周、周晓文、吴子牛几个人居然跳起了霹雳舞,在开心聚会之间,又谈了合作拍片的事宜。

短短的七天就要过去了,在告别宴会上,台湾金马奖执行主席李行还唱起了《松花江上》插曲,引起了阵阵掌声。酒过三巡,著名导演谢晋大声宣布,下面有一件礼物要送给与会的导演们。只见他与吴贻弓两人把会场的会标丝绒幕布拉下,后面是满满一墙与会导演神态逼真的肖像漫画,把大伙都逗笑了,纷纷冲上去认领:"这是我——""这

我与郑辛遥在会议现场

部分导演的漫画像

是我——"拿下后,又笑要作者签名。谢晋导演一步跳上一条凳子,大叫:"大家一个一个来,不要抢,没人做警察,我来做!"曾志伟的漫画像放得比较低,只见他干脆躺到地上,把脸贴到漫像旁边,叫人快拍一张留念。找到自己的漫像的导演们又赶紧拉我和辛遥一起拍照,很是开心!

原来谢晋导演和吴贻弓导演早就在考虑,这次活动送什么样的礼物给与会的导演们,"上海影城"的"四眼老王"王佳彦出了这么个主意——由我和辛遥画漫像。这个主意得到两位大导演的肯定,并且收到了很好的效果。

初到安陆

1993年,《讽刺与幽默》的优秀作品颁奖地点放在了湖北安陆,那是漫画家英韬老师的主张。英韬很重视编辑到基层去,一来帮助基层,开展漫画普及;二来发现人才,注重培养。他自己身体力行,为在安陆举办颁奖活动,先到那儿踩点、布置。

安陆据说是唐代大诗人李白的故里,1993年、2008年先后两度被文化部命名为"全国漫画艺术之乡",有一支稳定的漫画创作队伍,成立了全国首家水墨漫画院,并创办了"中国水墨漫画网"。

1993年4月8日,小城安陆热闹起来了。

2017年，安陆小朋友在与漫画家交流

颁奖会如期在安陆召开，英韬、袁鹰、庄锡龙、徐鹏飞、夏清泉、沈天呈、曹昌光、吕士民、姜振民、胡延亭等一批全国著名漫画家、作家来到安陆。会议期间，大家还游览了黄鹤楼、李白纪念馆和涢河。

活动放到基层，作者聚集到县城，对漫画创作的普及和影响是巨大的，是从根基上繁荣了漫画大树。此次活动后，安陆的漫画有了长足的进步，漫画队伍有了飞跃的提高。不仅有许多精彩的漫画作品在国内外漫画大赛上摘金夺银，而且涌现了许许多多像张文斌、王顺华、徐庆雄等知名的漫画家，同时，将水墨漫画推向了一个新的高度。

颁奖活动合影

之后，我也多次到达安陆。我深深地感到，安陆的漫画队伍在不断地扩大，创作能量不断地聚集。2017年，我又到安陆，参加第五届中国安陆银杏节，参加安陆、桐乡、邱县三地的漫画交流。我看到他们的漫画展览作品，看到安陆小学生的漫画创作班，心想，这是英韬老师当时种下的果树正桃李芬芳，结出果实来了。

在张家界登山

1995年10月，中国新闻漫画研究会会议在湖南长沙召开，来自全国25个省、市、自治区的漫画作者聚集一堂，对如何进一步开展报刊漫画工作，发展漫画创作队伍，认真做好"中国新闻漫画奖"的评选，进行了讨论和研究。会议提出，希望各地的漫画作者要不断提高思想和艺术修养，克服主题浅、技巧粗、构思雷同的毛病，创作出既具幽默又有思想高度的为群众喜闻乐见的好作品。

会议选举产生了中国新闻漫画研究会名誉会长沈同衡，会长方成，副会长王复羊、沈天呈、朱根华（兼秘书长），副秘书长徐进，常务理事会成员王宇、王复羊、方成、孙以增、朱根华、何韦、张耀宁、法乃光、徐进、徐鹏飞、常铁钧。

会议安排我们去了张家界，在山脚下，出发前，我们留了个影。那时，没有缆车，只有靠两条腿爬，在我的记忆里，这是一次很吃力的爬山，到最后，我买了根拐杖，硬撑着上了顶峰，因为我看到了身边有一群少先队员在奔跳，还来来回回地跑，我还看到七十二岁的老漫画家洪荒先生也正一步一步地走了上来，于是，我，努力地爬了上去。

中国新闻漫画研究会，左起孙光钊、马丁、天呈、法乃光、董之一、苗地

爬到顶峰，大伙挥手欢呼

董之一、洪荒和我在山顶上合影

但是,就是这次,著名的漫画家、书法家法乃光先生下山时,心脏病发作,被滑竿抬下山,在县城医院抢救一月之余再转送到北京治疗,元气大伤。回到北京后,就很少再有创作活动。他的独特的书法和很有特点的体育幽默画,我至今都还记忆犹新。

首上《讽刺与幽默》专版

1995年10月,英韬老师给我来电说,为了推动漫画创作的质量和水准,他准备在《讽刺与幽默》上开辟一个"新作"专栏,他希望我"精心"画几幅新作,在版面上刊登,起到推动的作用。我听了后既高兴又有压力,我感谢《讽刺与幽默》和漫画前辈对我的信任,又担心创作不出叫响的作品,辜负他们对我的期望。

我开始选题、构思、出草稿,闷头闷脑地翻阅以前的漫画日记,选择的题材、采用的点子都反复进行推敲和修改,最后选定了五六个。在制作时,我全部采用了水彩纸(当时《讽刺与幽默》编辑部备用了一种方形的水彩纸,江帆老师很喜欢用,叫我试试,我也感到顺手),制作完成后,就邮寄给了《讽刺与幽默》编辑部。江帆老师先打来电话说,编辑部感到满意,选了五幅。之后英韬老师来电说,他们准备作为"新作"的第一期刊出,希望我选一幅照片和一个签名寄去。1996年的2月5日春节,"新作"栏目正式推出。

那个时期,没有电脑,作品也没有留底,原稿都在《讽刺与幽默》编辑部,我的画册中也没有收入进去。但我感到,出个"专刊"是个很好的主意,它对提高作者的创作水平很有帮助。用心、用力、想尽办法与众不同,想绝点子出类拔萃,"画"不惊人死不休。

"新作"专栏

与黄永玉吃西餐

1995年年底,大名鼎鼎的黄永玉先生来到他阔别二十多年、魂牵梦萦的上海。他约了我和辛遥一起到上海著名的红房子西餐馆就餐。说来还是与张家有关系,乐平先生去世三年了,黄永玉与他是世交,他比乐平先生小十四岁,但在抗战时就相熟,常在一起。他是张家的常客,这次回来自然要去张家拜访,听了张乐平夫人冯雏音和魏绍昌先生介绍上海的漫画创作情况与漫画"新秀",于是便有了这次约会。

黄永玉先生还是那么精神,戴了顶呢绒帽,拿了个板烟斗,时不时地点火吸上几口。他说,他很喜欢上海,年轻时的生活很艰苦,但他仍然怀念它,没有一个地方可以替代上海。他左手托着胶木烟斗,一边整弄着。他的烟具很考究,一会儿挖,一会儿转,一会

与黄永玉先生在一起

与郑辛遥合影

儿敲敲弄弄,吸一口,又慢慢吐出,一缕轻烟袅袅婷婷,思绪似乎也随着轻烟飘回到过去的年月。黄永玉先生说,乐平是个了不起的大漫画家,魏绍昌先生属狗,张先生也属狗,他喜欢把属狗的聚在一起。我说,是呀,前几年,他还把谢稚柳先生、唐云先生等一起拉了聚会,因为我也属狗,所以他也叫我去了,还对我说,克林顿也属狗,要我画幅"洋狗"的漫画像,他准备带到美国去。黄永玉先生听了哈哈大笑。

谈到连环漫画,他谈到了"三毛""王先生与小陈",谈到了乐平先生和叶浅予先生。他问起我们有没有连载的漫画,我说,有些,像"老华侨探亲记""书迷小王""青工莉莉",在《经济日报》《文汇读书周报》《解放日报》等报刊连载,但是意趣小,连载也不长。黄永玉先生说,作画要讲究基本功,讲究作品的趣味,讲究吸收传统和发展,但重要的是要做人,用人品讲话。他又提到了乐平先生,

说乐平先生的为人是我们的楷模。他又谈到了张光宇、张正宇、叶浅予……讲他年轻的时候是怎样临摹和学习他们的绘画的。

听了先生的谈话真是开心。先生又装了一斗烟,准备点时,打火机找不到了,翻了带来的一个小包,也没有,翻来摸去结果在外衣的口袋里。点了烟,他又随手朝桌上一放,我拿过来一看,是个很精致的打火机。先生说,他经常忘事,打火机不知丢了几多,就是帽子、小包也常常丢失。他笑着说,思路经常跑偏,想到深去了,于是,老丢东西。我们也笑了。

先生是我十分敬仰的画家,我喜欢他的笔墨,喜欢他的装饰而灵动的造型,喜欢他的处世个性,也喜欢他的文笔。他的思路很宽阔,思绪又很跳跃,他的笔墨中有传统却又有许多现代的装饰成分。他的作品中更多的是他胸中的艺术底蕴,游刃有余,自由洒脱。这不是一般人可以学到的、临摹的,与先生相处一刻,就体会到,为什么几次临他的画,总觉"气短"。

恒源祥绒线

恒源祥,创立于1927年的中国上海老字号品牌,最早是以生产经营绒线为主的企业。恒源祥(集团)有限公司是一家专注于品牌经营的高新技术企业,是2008年北京奥林匹克运动会赞助商和2009-2012年中国奥委会首家合作伙伴。恒源祥商标是中国驰名商标,恒源祥牌羊毛衫、羊绒衫先后被评为中国名牌产品,绒线、羊毛衫的市场销售持续保持全国首位。

董事长刘瑞旗是全国劳动模范、全国五一劳动奖章获得者,在开展品牌与文化研究、推动品牌与文化建设方面做了大量开创性的工作。同时,他为上海的漫画发展作出了许多贡献。

1996年,我为刘瑞旗先生画了一幅漫画肖像,画面上他拿了张"小囡"牌的恒源祥广告,旁边一只胖嘟嘟的绵羊,其实,那个

刘瑞旗先生漫画肖像

恒源祥漫画广告

但有漫画大家丰子恺、张光宇、叶浅予、鲁少飞、华君武、米谷、张乐平、丁聪、廖冰兄、特伟、方成、蔡振华、陶谋基、乐小英、阿达、王树忱、詹同等的作品，还有万籁鸣、李可染、艾中信、沈柔坚、程十发、贺友直、顾炳鑫、杨可扬、赵延年等著名国画家、油画家、版画家、动画家、连环画家的漫画作品。大家以漫画表达自己的立场，以漫画抒发自己的心声。同时，徐鹏飞、黎青、孙以增、张耀宁、杜建国、徐克仁、郑辛遥、潘顺祺、孙绍波、夏大川、侯晓强和我等一大批在国际漫画展、报刊上活跃的中青年漫画家，也在这个回顾展里展示了自己的力作。

与刘瑞旗先生的交谈中，你总可以感觉到他的前卫和冲击力，他的品牌超前意识让你钦佩，他的亲和力让你感动。他在漫画比赛中说，要着眼的不是奖杯，不是奖金，而是要有自己的"造血机制"，能运转，能有新的能量。

有一幅发表在《漫画世界》封底的漫画广告，我用"穆桂英挂帅"来"升帐"，穆桂英拿了两根绒线针上场亮相了。刘瑞旗先生说，绒线好只是其一，要编织好，才会让人喜欢穿。画漫画也是如此，光有一个好点子是不够的，还要制作得精美，读者才能接受，才会传播开来。

可爱漂亮的小囡形象就是按照他小时候的照片设计的。上个世纪90年代，北京举办的"恒源祥杯"全国报刊漫画大展、上海举办的一个漫画广告展览，以及2012年举办的"新中国漫画回眸"，都得到了恒源祥的鼎力帮助。"新中国漫画回眸"展是一次对中国漫画六十一年来的首次集中展出。展览汇集了182位漫画家的258幅作品，这些作品都是在新中国成立以后创作的。展览展出的，不

香港回归

1997年,香港将回到祖国的怀抱。如何创作相关主题的漫画,是放在我们面前的难题。这是个较大的题材,我曾经尝试用大角度来表达。1997年2月,邓小平去世,没有完成他想到中国香港的土地上走一走的愿望,我在构画草图时,画了邓小平坐在轮椅上,手举一杯庆功酒。他,看到了香港回到祖国的怀抱,中华民族扬眉吐气。那么,画面的背景是什么呢?我考虑了,用了一张《人民日报》的号外,因为,只有这样才体现出时间、背景以及相应的事物关联,表现出邓小平的坚持和努力得到了回报。可是,我要事先"造"一张《人民日报》头版,这个难度绝对超过其他绘画内容,我再努力,也没有这个本领编出这张头版标题和照片内容,这张作品就流了。

于是我关注从小的角度介入。由于香港回归,香港邮票上英国女王的形象即将消失,于是我构思了一幅《——陛下,您该下了!》:一位香港邮政的工作人员正在请香港邮票上的女王下来。很快,这幅作品就发表了,而且做成了一张邮政卡。

我有的时候会碰到一些漫画作者,说,我这次要下大力气,创作一张极品,去比赛,去得奖。于是,他要挑大题材、大事件、大

漫画《——陛下,您该下了!》

新闻、大场面,往往事与愿违,反而弄得不得要领,开掘变异。作品的得来,靠的是平时的关注,文化的积累,它看似突然冒出来的,轻巧得很,其实是多年的等待的迸发。没有"十月怀胎",光想"一朝分娩"是不可能的。1981年,当时有些基建项目,瞒天过海,说

漫画《镫里藏身》

是某某项目已经下马了,其实是还在建,还在做。针对这种现象,我在"下马"上构思,想起了杂技团的一个"技巧",就是演员能"隐身"在马背后面。如果我没有看过这个杂技,就不可能将这个"下马"的主题与之碰撞产生火花。当我将这幅漫画寄到北京后,在《讽刺与幽默》的头条发表了,江帆老师给它起了一个标题:镫里藏身。看来,老师的文化素养比我更厚实,我还要多多努力啊!

参加亚洲漫画展

1997年,我受《人民日报》的委托,代表中国漫画家参加第三届亚洲漫画展。本次展览由九个国家的十位漫画家参与,每位画家参展十幅作品,题目为"粮食"。

我花了许多时间对粮食这个主题进行深入研究,翻阅资料,查看粮食政策,寻找切入的角度,画了大量的草稿,终于完成了十幅关于"粮食"的漫画。展览没有什么审稿,完全代表了作者的观点和思路,也完全体现作者的选择,这,让我感到非常有劲。

1997年7月,展览在东京展出。开幕式那天,来自日本、中国、印度、菲律宾、马来西亚、印尼、泰国、越南、缅甸等国的漫画家,欢聚一堂,将各自的作品陈列于读者面前,反映漫画家对粮食问题的看法。

中国漫画放在了最前面,第一张就是《国徽的构成》,它反映了中国农民踊跃交售公粮,肩挑人扛,马拉车载,将粮食交售给国家,铺在国徽上。有印度漫画家看了我这幅漫画问,这是出自 Computer(计算机)?我说,这是手绘的。他又凑近看了看,竖起了大拇指。开展的那天,许多日本的新闻报纸上登载的是我的一幅《无题》,画面上一位中国农民在收割麦子,高高的太阳下,麦浪翻滚,但麦穗上的麦芒却是一条条的条形码。他们说,这是反映中国的农民已经将粮食视为商品。

在聚会的交流中,日本漫画家卡米子说,为了画好这次创作,他与粮食部大臣交谈了一个下午,又与总理大臣讨论了粮食方面存在的问题,真是不容易啊!他的作品《丰收

漫画《国徽的构成》

漫画《无题》

漫画《丰收后的灾难》

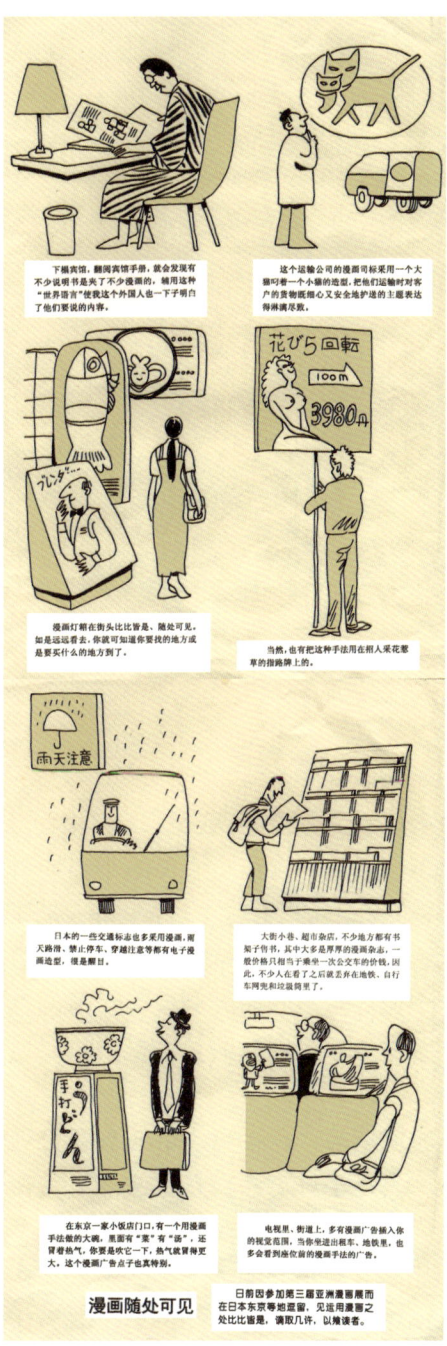

《访日见闻漫笔》

在第三届亚洲漫画展上

后的灾难》反映了"谷贱伤农":粮食多了,丰收了,汹涌的粮浪将农民的小船冲得东倒西歪,但"灯塔"上的"老爷"却无动于衷,任凭农家悲戚。这幅作品得到了大家的好评。就这个问题,当我向大会说,我国副总理朱镕基宣布今年我国收购粮食保护价时,会场上响起一片掌声。

展览期间,我在想,用一个题材画十幅漫画,真是个好办法。它迫使你努力从各个角度,用各种手段和表现方法,将这个题材深挖广掘。用不同的艺术手段来表现,就会有一两个更突出、更冒尖,更能成为让读者记住的作品。主办方安排了各国漫画家住进日本市民家里。我住进了一个很普通的日本家庭里,主人上班,主妇持家,三个孩子。他们很欢迎我住在他们家里采风,我在他们家里,看到他们的日常生活。我跟主妇一起送孩子到学校,到超市去买菜,去小区的图书馆、健身房,看孩子们如何分冰激凌;晚上,又与他们一起,接待邻居串门。我给他们作画留念,很是开心!

1998年,第三届亚洲漫画展在亚洲巡展,由于我是上海的漫画家,于是,组委会将展览放到上海,在虹口公园里进行。

回到上海,在空闲时间,我画了套《访日见闻漫笔》。

"有料"与"无料"

在出席第三届亚洲漫画展期间,主办方安排我们在"阿卡萨卡"下榻,一人一屋,条件很好,就是语言不通,交流有障碍,而且生活习惯又不同,有点难了。吃早餐,到外面的小饭店去吃,基本点不来,语言不通,文字不认识,菜单没图片。那天,我去买把小锁,在小店比画来比画去,就是沟通不了,我说"lock"也不行,最后我拿出小本子,画了把小锁、一把小钥匙,店主笑了,立马找来给我。

那天开会,十个国家的漫画家聚在一起,画自己国家的农民的漫画形象,记得我画了一个中国陕北的农民男青年,浓眉方脸很是精神,头上扎了一条白毛巾,对襟的褂子束了根腰带。那是二十年前的农民形象了,现在的农民不一样了,前几个月,我去看一个农院,农民经理身着西装,手拿手机,调度着百辆有机蔬菜恒温车,供应大宾馆大酒楼,完全不一样了。

开会了,大家坐下了,我一看,有人面前是矿泉水,有的是可乐,有的是饮料,就我没有。我想,这怎么搞的?我悄悄地问了负责接待的柿先生,他说,在会议室的门口有"自动贩卖机",也就是说,这里的习惯是要喝自己买去。这要是在我们国内,开个"国际会议"连茶水也没有,不可想象。当然,主办方在我们到达后就说过,各国来宾有不同的习惯和要求(素食主义的、不食甜品的、餐前祈祷的等),大会给每人一些补贴,除了大会聚餐,其他一律自便。

在房间里休息,打开电视机,节目非常多,遥控器也很大,不过上面全是日文,遥控器上有个按钮,上面写着"有料",我不知道什么意思,按了下去,电视机上出现了一些"三级片"内容,底下有一条说明,根据几个认得的中文字猜好像是——三分钟后,就要收费了。

第二天,我们去参加漫画展览了,会场外面一幅巨大的展览海报十分醒目,可是,在海报的左下角,两个黑色的字:无料。我想,昨天那电视机里的"黄色"内容是有料,今天,我们的展览中是没有这种内容的,所以注明是"无料"?我把这想法告诉柿先生,

在亚洲漫画展跟观众合影

他哈哈大笑，说，天先生，有料是要付钱的，无料是免费的，我们的展览是免费的，都可以进的。我一听，也笑了。

展览很成功，参观的人很多，反响也很积极。结束后，我在回宾馆的路上，两个日本姑娘还追了上来，要我在会展的画册上签字，留影后，高高兴兴地跟我告别。

"不懂装懂"

漫画《——唉，怎么没电！》讽刺一个赌徒想将满屋家用电器的插座插在一个骰子里，想转动他的"幸福生活"，可惜，靠赌博是达不到目的的，插在这孔中是用不到"电"的，只能空对冷锅暗灯黑电视，一片悲切。漫画见刊后，一个移居新加坡的老邻居打来国际长途，说，你的那个骰子画错了，那两个孔的对面是五点，不可能在边上的，看来你不是赌棍，对此不精也。我只能说，哎呀，"不懂装懂"，出洋相了！

漫画创作像一台演出，只是编剧是你，导演是你，演员是你，道具也是你，哪个环节出了毛病，都可能把戏演砸了，所以，都得小心，考证、验收，不能马虎。有的画中的人走路，会画成左脚在前左手也在前；画英国的汽车驾驶员坐在左边；画机床时，工

漫画《——唉，怎么没电！》

人操纵的车床头在右面；画我们国内的公交车，车门在左边，人从外档挤车。当然，还有不同时代的军服、警服，不同国家的国旗、服装，都要当心。

我画了一幅《"皮影"新戏》，批评有些开发商卖房，自导自演，锣鼓声敲了起来，不是"锵——锵——锵"的声音，而是"抢——抢——抢"的氛围，他做的"皮影"，也就是购房的"托"，在他的引动下登场了，在一盏汽灯照耀下，煞是热闹。作品完成后，我传到了编辑部，但后来我一看，不对，我们的视角是皮影戏的后台，可以看到那些开发商如何做戏的，而被拉了看戏的买房人应该看到的是正面，那么，后台的字应该是反的。于是，我立即将"买房图"三个字及"新楼开盘"四个字翻了过来，如此才完工。

漫画《"皮影"新戏》

时代在前进,人物在变化,漫画的造型要跟上,不能还是老、土、旧。现在人的发型,女青年的破洞牛仔裤,广场大妈的塑料卷筒发夹,都要观察、记录、入画。一次,我在与一位老漫画家讨论一幅漫画草图时,画了一个少妇把钱都花在化妆品上去了,为了突出主题,化妆品画得很大。那位老漫画家说,你怎么把化妆膏、化妆瓶画倒了,把盖子画到底下去了?我说,你回家里去时,去看看你们家儿媳妇的化妆品再来说。第二天,他打电话来说,嘿,真的,现在的化妆品盖子是在下面的,我,落伍了!

99趣谈

1999年新年,《讽刺与幽默》向我约稿,看有没有可以反映1999年新风的稿件,我画了一幅《99年趣谈》。江帆老师看了后笑了,说,这个上海人,把点子想得绝了!当时,我想用一个家庭的变化来反映我们国家的进步,用家庭的每个成员的面貌来看社区的新风气。切入点还是在"99"上动脑筋出效果,奶奶、爷爷、爸爸、妈妈都想好了,就是"我"想不好,原来想的点子是"考了99分",但总感到不到位,最后做了个加法——"比99还多了一点"。

99年趣谈

奶奶也戴上了九九金

爷爷九九还是小弟弟

爸爸有他的『小九九』

妈妈似九九艳阳天

我—比九九还多了一点

漫画《99年趣谈》

　　用点滴趣味集聚起一个主题，在漫画创作中也是一种手法，而且在歌颂漫画中运用比较多。我画过《在学习雷锋的日子里》《人民警察爱人民》《深圳食趣》等等，都是这种形式。

　　在文字上做变化，是漫画创作的一种方法，做得巧妙是很好的。尤其是中国的文字，有精美的造型，有精妙的涵义，的确是漫画创作的一个切入口。但是，漫画创作绝不是搞文字游戏，把一个中国字拗过来扭过去并不是创意，在谐音上别过来歪过去并不是点子，它只能是一个低级的凑合、蹩脚的玩弄。

　　中国的文化内涵丰富，历史悠久，好多漫画，如果不知道故事背景，还真是读不懂。所以有的时候陪外宾参观中国的漫画展，那是很吃力的。一次我陪一位澳大利亚的漫画家参观，在一张讽刺漫画前停了下来，画面上是两个京剧人物，周瑜和诸葛亮，两人摊开手掌，上面写着同一个字：礼。看过《三国》的都知道，那是火烧赤壁中的定计一则，原来的"火"字改成"礼"字了，但是，我要讲清这幅漫画，恐怕要讲一大段故事了。我画过一幅漫画，《一"刻"千金》，讽刺一个村支书，私刻了村民的印章，每个印章都领取了一千元多钱，这个歪脑筋里都是钱了。这里用了中国的一句俗语——一刻千金，只是这里的"刻"变成了刻东西，读者看了漫画后，对这样的蛀虫投去蔑视的笑。

湖北一村支书被指私刻村民印章216枚领补助,已被停职调查。

漫画《一"刻"千金》

漫画广告是一座快乐的桥梁

漫画不仅仅有自己独特的艺术特征,同时包含喜剧特征,所以,它深受读者的喜爱,容易传播。用漫画形式介绍产品的性能功效,是搭建了一座连接企业和客户的快乐桥梁。消费者看到漫画形象会立即联想到有关企业和商品,建立起对企业和产品的印象。漫画作为世界性通用语言具有良好的广告功能。它不受受众文化程度、年龄、性别和国籍的局限,是人们喜闻乐见的艺术形式;它所具有的幽默、活泼的风格,能使观众产生一种油然而生的亲切感。漫画广告,在企业建立与消费者之间亲切友好的关系,形成企业整体形象方面具有不可估量的作用。将漫画艺术引入广告领域,在一些发达国家已经随处可见了。

1997年,"上海漫画广告展览"在上海商城大厅展出。漫画广告,将比较复杂的产品功能通过漫画的形式,深入浅出地介绍给消费者,让消费者记忆深刻。漫画艺术是夸张的艺术,它有生动的比喻、幽默的造型、精美的制作,而这些艺术功能又恰恰与广告的要求十分吻合。

参与这次展览的创作人员实力很强,有画装饰画的、画国画的、画宣传画的,漫画前辈蔡振华,画坛大咖张安朴,漫画大家王益生、郑辛遥、孙绍波,国画高手杨秋宝等都进行了创作。这是一次新的尝试和探索,得到了上海工商行政管理局的高度赞赏,也

漫画广告作品

得到了企业方面的赞许。宣传画家张安朴先生，巧妙地运用漫画手法，将上航的标志、云彩、彩虹与美丽的空乘人员组成"上航"两字，得到了上航的称赞，做了广告册的封面。

漫画广告作品

《小小王先生》

《理财周刊》有句十分精彩的广告词：你不理财，财不理你。而我恰恰是个理财的矮子，而偏偏《理财周刊》向我约稿，给他们画连载漫画，当然，主人公要与理财搭界。作为周刊，自是每周一期。连载漫画是很辛苦的，有主题的连载更吃力，当"枪毙"一组后，就更紧张，所以，最好有十组再"开店"，有三组在"冰箱"待用才定心。我给这主角起了个"王先生"的名字，造型也有点像上世纪30年代叶浅予先生笔下的王先生，但这个王先生是新世纪合资企业的一位白领，妻子也叫蔓莉，女儿还小，只有七岁，也叫阿囡，所以，他就叫"小小王先生"，聪明而有点油滑，干练而又有点耍逗。

连载开始后就紧张了，要不断在开局中构思、推敲，尤其是要安排一个合理而有趣的"包袱"，达到精彩的效果，同时要切实符合"理财"的大主题。为此，我便先要"理起财来"，我从不炒股，不打麻将，不换外汇，怎么才能透显是"理财老手"在搞幽默呢？只有一个：请教！向懂行的编辑请教，向周边的朋友请教，向电脑网页财经专栏请教。我从自己的经历、碰到的问题中寻找题材，又编织"包袱"铺垫"点子"，还要经得起"财经"方面的核审，才能上稿，也真是不容易啊！

漫画《"嫁"祸于人》

漫画《想买汽车》

这幅《"嫁"祸于人》，实际上是我自己碰到过的，刚买的房子在装修的时候，工人一打钻就打到楼下去了，还好楼下还没有装修，却吵了上来，要赔偿，要补贴，这一吵就迫使我去看相关政策了。后来，楼下的业主把楼卖了，也没有处置下去，但是却给了我一个"漫画切入口"。编辑先生说，这个"故事"蛮生动的，处理也很"理财"，"包袱"也扔得恰到好处。看来，生活确实是创作的第一母体。

1998年，我学驾驶，考证，积累了许多学车开车方面的素材，从理财的角度看，还是有些可以画画的。学车的时候，师弟师妹就交流，学成之后买什么车，花多少钱，可是，有的人算得片面，毕竟还多是初次买车嘛。于是，我将买了汽车后的感受与买车前的想法加一起"理财"一下，就成为故事了。

《新十万个为什么》

在连载《小小王先生》的时候，我在《讽刺与幽默》上开始连载一个专栏——《新

为什么毛脚女婿送给丈母娘吃的进口礼品给扔了出来?

为什么刚进电梯的孙大伯又退了出来?

漫画《新十万个为什么》

十万个为什么》。《十万个为什么》是个科学普及读物,而我的连载,是用"为什么"来问社会上的一些让人看不懂的怪现象。它用反问的形式,以讽刺的笔尖拉开幽默的幕帘,使读者会心一笑。由于这组连载采取了反向思维的方式,且可以独立成章,所以很多地方转载。

这组漫画的选题大多来自新闻提要,在报刊,在电视,在广播,获取了一个题材后,我就发散型地进行构思,从相反的角度切入,达到有趣的漫画效果。当我听到,一个小学生答错了一个英文单词,要罚抄500遍,心想,就算一分钟抄5个,也要100分钟呐,自然要请奶奶帮忙抄一半了,奶奶如果老是"练习",那不就能与外宾谈谈了?这不就有趣了!再看,现在有不少家庭,小辈忙着玩电脑、唱歌、看电视,就不陪长辈聊聊谈谈,有一天,停电了,家里人点起了蜡烛,围坐一起唠唠家常,长辈顺心得不得了,真希望家里经常停停电。当然,有的题材来自我自己碰到的事情,那要留意,记取,及时画下来。电梯门一开,就碰到一条吐着红红的舌头的大狼狗,也许许多人都碰到过,也都会退出来再等下一趟电梯,但记下了就成为一幅漫画了。

有的题材不一定入主题,但就是要记下来,画在本子上,锻炼自己的"笔头"。我家的小区电梯有一段时期,向下的按钮不灵敏,有时以为按了却没有亮。有一次送客人下楼，随手一按，以为按好了，与客人谈话之际，电梯下去了，只能再按，亮一亮又不亮了，电梯还没有停，客人也笑了。送了客人回来，就画了一张漫画，贴到楼下的电梯旁边，没有几多时间，物业委员会主任来了，笑着说，你提的意见我们马上改正了，还说，你应该再画一幅漫画，现在的按钮只要纤纤一小指头按一下就行了。他又笑呵呵地说，你的"意见书"我就不还了，这原稿我收藏啦！

为什么韩奶奶现在能用英语和外宾谈谈了？

为什么徐大妈真希望家里经常停停电？

漫画《新十万个为什么》

终于拔出来了

2001年10月7日晚上,一直徘徊在"世界杯"殿堂之外的中国足球队,在米卢的带领下终于以1:0战胜了阿曼队,冲进了2002年世界杯决赛圈,全国球迷为之欢呼雀跃。

作为一个漫画作者,也为这一时刻的到来感到激动,想要创作一幅漫画来庆贺。创作歌颂漫画其实并不轻松,歌颂而不过誉,抒发感情要用好漫画的艺术功能和独特语言,作者常常殚精竭虑,反复琢磨,难怪有的漫画作者笑说"好人难做"。

当时构思有两条,一条是中国健儿将中国足球一个大脚——"冲出亚洲,走向世界"了,这条思路似乎"气魄大,劲头足",但是细细想来,这样的夸张与中国足球在世界的实际地位相比"有点过头";但如果画中国队好不容易"挤"了进去,又和四周的欢庆气氛不协调,这样的思路会走进死胡同去,我决定放弃。

第二条思路是,我们努力了几十年,终于完成了几代足球人的心愿,有扬眉吐气之感,米卢是主教练,是带领中国男足冲出去

漫画《终于拔出来了》

的功臣，但是，中国足球的出线，更是中国足球几代人的努力和中国球迷积极支持的结果。这使我联想到"拔萝卜的故事"，和从小就知晓的"团结胜利"的道理。米卢是拔"萝卜"的人，在成功的背后有多少足球人在作铺垫、作努力，才能把这红红的"大足球""拔"出来啊！于是，画面上出现了"大足球萝卜"已经拔出来了的喜庆场景，画面上有米卢、戚务生、施拉普纳、高丰文、苏永舜、曾雪麟、徐根宝、范志毅、郝海东……

一下子要画这么多漫画肖像，而且第二天要彩色见报，是比较难的，好在那时已经有了网络，先在电脑上把一个个头像找到，画成不同性格的漫画肖像，配上各自特点的服装衣饰，漫画《终于拔出来了》与读者见面了。

在迎战"非典"的日子里

2002年11月以来，我国一些地区发生了传染性非典型性肺炎疫情。面对这场突如其来的重大灾害，全国人民团结一致，相互支持，奋起抗击。作为一个漫画工作者，应该站在前线，呼喊大伙，宣传知识，共同奋战。

用漫画制作招贴画，是一种简约、鲜明、凸显的艺术形式。在"非典"横行的初期，卫生部门要求从个人的生活习惯加强预防，

在迎战"非典"的日子里

天呈

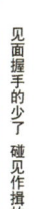

预防"非典"宣传漫画

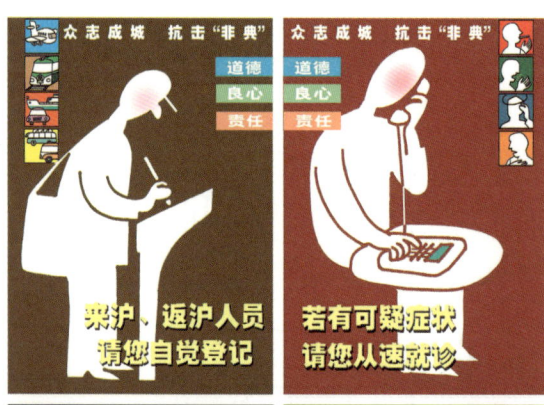

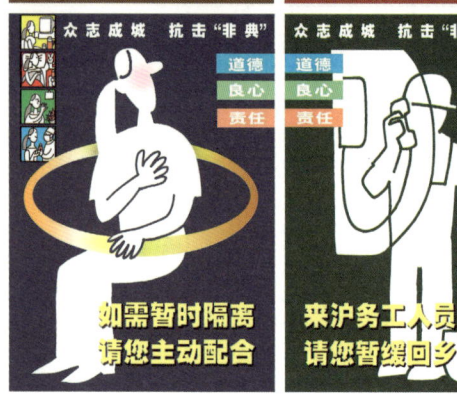

"预防"非典"宣传漫画

上海市档案馆收藏证书

我与郑辛遥共同构思创作了四幅招贴画：不随地吐痰，打喷嚏捂嘴，勤洗手，勤开窗。市政府制作了大量的复制品，在社区居委张贴、在车站灯箱播放。由于传播很广，上海档案局感到，应该将这套招贴画"收藏归档"，这也许在漫画界是比较少的。

上海是个流动人口数量巨大的城市，要做到将流动人员及时登记、有病症的人员及时隔离，宣传教育工作要跟上。在上海市文明办的指导下，我又创作了四幅漫画招贴，不仅在《文汇报》的一版刊登，而且在社区、车站等人员密集的地方张贴。

漫画招贴的功能是醒目、简要、让人得到警示，而运用新的艺术手段，将漫画、照片、电脑技术综合成宣传品，具有新的冲击力。

当时抗击"非典"的形势很严峻，可有的人还是不以为然，自己有了症状还到处乱跑，不肯隔离，所以，在招贴画上出现了"道德""良心""责任"等的字样。

"书市宝贝"让书市变味

现在有些市场搞促销，开发商使出各种奇招，但也不能搞"三俗"促销。商家这样既没有履行自己的社会责任，违反社会公德，也没有遵守商业道德。而低俗的促销居然渗透到全国的书市中。《文汇报》预备刊登一篇记者在广西的报道，那天晚上，我已经下班，在家里接到任务，为这篇记者报道配一幅漫画插图。（自从有了网络，我的工作时间扩大到了"全天候"，晚上突发加工是家常便饭。好多时间是睡下了，来电话了，有活了，起来，打开电脑——干活！连家里人也习惯了。）这是一幅明天就见报的彩色漫画，而且时间很紧，我飞快地构思，在纸上画着草图，这真是有点像短兵相接，立即刺刀见红的战斗。我总感到，每次这样的挑战是对自己的锻炼，我感到兴奋、急促，甚至有点癫狂，直到现在，我还是感到，这是给我的一种奇特的充电。

第二天的《文汇报》头版，我见到那幅我子夜赶出来的漫画《变味的"书"》，非常开心，甚至有点得意。

漫画的画面是由一本竖放的书和一位"前凸后翘"的"书市宝贝"构成，表达用美女舞蹈来促销图书的场景。简约的构图、轻快的色彩，在报纸的头版很醒目。在当天的编务会上，对这张漫画进行了表彰：有人说，题目叫《变味的"书"》，整个画面组成了一个大大的"书"字，而这书掺入了异样的促销，成了变味的"书"了；有的编委，刚刚看到妙处，把报纸还推远点品味，连说，好，高！著名作家郑重先生后来评说，最为有意思的是《变味的"书"》中"书市宝贝"的造型，把劲舞的促销少女画成S型，仔细观看，原来是个"书"字。这种出其不意之美来自一个"巧"字。巧是智慧，是灵感，是在随意之中得来，并不是刻意求成所能得到的。

变味的"书"
——书展上竟出现了用少女劲舞搞促销的"书市宝贝"。

整个漫画的构图用一本书和劲舞的少女组成一个大大的"书"字，揭示了书市的变味。

漫画《变味的"书"》

它是文学中轻松散淡漫不经心写成的随笔。

匆匆而作的作品，有的时候难免粗糙。后来我再看这幅漫画，觉得书封的棕色应该更接近灰色，这样，既保留了书的立体感，而且组成的"书"字也更醒目了。

为滑稽大师画像

我小时候就喜欢听滑稽和评弹，店堂里有一个"无线电"，开了店门就打开了，为了让顾客在店堂里挑选商品的时候有点轻松

为周柏春、姚慕双先生创作的漫画肖像

的气氛,坐在茶几旁聊聊时多点话题,它却像块磁铁牢牢地吸引了我。有时在做作业的时候,情不自禁听了进去,笑出声来,还受到了父亲的训斥;有的时候,黄梅天气,无线电的电子管不灵,"沙拉沙拉",声音极小,我就把脑袋凑到那蒙着粗麻布的喇叭边听,听着听着还不由自主地笑出声来,真开心!

2003年的一天,在静安时报工作的漫画家黄国安先生联系我说,与他同在报社共事的周伟儿女士是著名滑稽演员周柏春先生的女儿,说她父亲要出书,很想请我造一幅漫画肖像。我马上说,周先生是我从小景仰的滑稽大师、艺术家,一定遵命。他们送来了一些周先生的照片,有的是生活照,有的是剧照、化妆照,看看就要笑,但是,特定剧情下的特定表情是不能作为漫画像来"固定"的,基本是不能用的。

周柏春先生的滑稽特点是隐中有噱,有文化,有书卷气,不是那种恶形恶状卖弄风骚的俗态,于是,我将周先生画成穿了长衫,在向观众作揖的样子,面貌慈祥,微微笑容。漫画边上我题:"小辰光就蹲在无线电前头聆听周柏春老师和姚慕双老师的滑稽而长大,一直到现在还是百听不厌,时时拨动喜剧神经,刻刻培育幽默细胞。谢谢大师给我们带来欢乐!"没有想到的是,周柏春老师通过周伟儿对我表示感谢,而且将这幅漫画,连同题款落款、我的印章一起用到他的那本书上做了封面,只是在上面签了他的名字,使这本书很别致,有了一种自己的特点。

看到周柏春先生的漫画肖像,姚慕双先生坐不住了,他的公子姚勇儿是我的好朋友,与我说,要给姚老师也造幅漫画肖像。我说,周老师出书,姚老师也出书吗?勇儿与我熟,就说,姚老师要出邮票。我说,好吧,他们是滑稽老搭档,应该画幅漫画,也是搭档。最后,将他们兄弟俩各自穿好长衫,拱手向老观众、老听众致意的形象,做在了邮票上。

一本漫画千家集

汪飞鹏先生是个老报人,也曾是《文汇报》的美术编辑。我到《文汇报》当美术编辑时,他早就退休了，可他至今还是笔耕不断，我经常拜读他的漫画作品。他是我的同行，也是我的前辈。

2003年上海美术家协会漫画组的茶话会上，他对与会的上海漫画家们发出了一个"邀请"，请大家为他收藏的诸位漫画家作品的剪报册上题个词，或画个画，并当场发了他的名片。后来，听说这位老人又决心把这些画自费出集，起名为《漫画千家集》。这可真是让我吃了一惊，一千幅漫画，光是把目录抄写一遍恐怕也得要三四个小时，一位八十六岁的老人，能担得起这繁杂的工作？

一天，我到他的家里去拜访了一下，这是在浦东很偏远的兰城路上。汪老家居一室，简易的书柜上挤挤地放着全国各地漫画作者的六十万幅漫画剪报。他以美术编辑特有的仔细，精巧编排，将这诸多的剪报分门别类、各注编号、归档储存。他又将那次茶话会后漫画家应约寄来的漫画给我看，也是一样的分类编号、鳞集部居，每人各有自己的归档。这位满头白发、倔拗执着的老人，虽然不懂电脑，却好像拥有并精通操作一台"漫画电脑"。我不由得"输入"了我的名字，竟马上抽出了一份"菜单"，按检索的"页面"，展开了名字、邮编、地址和作品剪报，我的作品剪报汪老竟收集有四五大册！这一千余人的作品"程序"，竟是眼前这位耄耋老人编制的，这不由得让人生起了深深的敬意。因此，当老人嘱我为这本集子作前言时，我竟不敢推辞。

老人的家境并不富裕，却拿出有限的积蓄，要搞一本《漫画千家集》，让全国漫画家"欢聚一堂"，还一定要像模像样地配上硬面封页。我问他，你至今已创作了七千多幅漫画作品，不为自己出版一本漫画册，却坚持要出本《漫画千家集》，图个什么呢？他笑呵呵地说："我也想在有生之年，为自己钟爱的漫画事业做点小事情啊。"

为了这本集子，汪老起早摸黑，投入了繁杂的编写工作，一天工作十多个小时；为了这本集子，他花费了许多邮资费、电信费；为了这本集子，八十六岁的老人还坚持每天跑步五千米，增强体质，争取有更多的编写时间。

《漫画千家集》封面

2005年6月，日本漫画家森哲朗先生到上海来，当他知道上海有这么一位坚强的老人时，不禁伸出了大拇指，他取出一幅他在喝酒干杯的漫画，要我转交汪先生，表示他的敬意。漫画家潘顺祺先生听到这位老人的事情后，不禁说，漫画界出了这么一位乐于奉献的人，是我们的骄傲，我们应该为老人分担一点。

漫画创作是一种艰苦的劳动，它给了别人欢快和笑声，但是背后的辛苦是别人很难体会得到的。汪飞鹏先生的这种不计耕作之苦、唯恐辜负读者信托的作风，正是我们目前漫画创作中需要的精神。现在漫画创作存在着草草而作、不讲艺术造型、不计构图严谨的现象，还有不少抄袭别人作品、到处散发投稿牟取稿费的"作者"，与汪飞鹏老先生的勤勉踏实、奋力进取的精神相比，这些人岂不自叹形秽？

我为《漫画千家集》做了封面设计，将华老给的画做在封页上。今年汪老已经百岁了，祝汪飞鹏先生健康长寿！

我双脚交拨侬了

老朱是个扦脚师傅，今年六十一岁了，高高的个子，已谢了顶，四十多年的扦脚工作，使他的背显得有点弯。朱师傅十七岁就在上海南市的一家浴室里当扦脚工，四十多年扦了十万多只脚了，真是见多识广，一般的脚病，什么嵌甲、甲沟炎、灰甲、老茧、鸡眼，总是一刀切中病灶，就是疑难脚病，老朱也能手到病除。

前几年的一天，我正准备去香港旅游，却感到右脚拇趾不适，去医务室又看不出什么毛病，却又隐隐感到走长路肯定不行。一位朋友介绍，说在南市老城厢里有一位扦脚高手，不妨一试。我走进一条小街，转进一间陈旧的小屋，躺在用几根木条钉起来的"土沙发"上，看到墙上有一个小镜框，里面挂着一本上海市商业职工高级技工等级证书，这位扦脚师傅就是老朱。他戴上老花眼镜，看了看我的右脚趾，说是脚趾甲向内嵌压了。只见他轻舒手臂，银刀翻转，几个回旋，就把嵌在肉内的趾甲取了下来。他将之朝我手上一放，说，你看，如此一把"刀"在肉边上磨蹭，走路如何不难受呢！扦毕，我着地一走，还真是轻松。此后，我就成了老朱"扦脚小屋"里的常客了。走得多了，才发觉他刀下的"常驻户口"非常庞大，非但有邮递员、营业员，有干部、店员，有小老板、学生，有七八十岁的满脚茧地的老人，有踢球跑动伤了趾甲的年轻人，还有的人横跨几个区到老城厢来解决脚下痛苦。真是"酒香不怕巷子深"，名不虚传。

朱师傅给华老扦脚

那年，华君武先生从北京来到上海，下榻在迎宾馆内。我在拜访他时，谈话中言及脚疾，九十高龄的他现在还常常拄杖外出散步，只是脚上有趾甲生痛，也感到不便，他儿子从德国买了一套扦脚的刀具来，却又使不来。我便说，我叫一位师傅来看看，解决痛苦。

那天下午，朱师傅带了脚盆、消毒毛巾，还捎上台灯、小凳子"出诊"。他来到迎宾馆，放了半盆热水让华老软脚，一边细细看着老客人的脚趾。只见老客脚拇趾上的灰甲已成堆积，足足有半公分之厚，朱师傅说，这走路怎么还会利索。只见他朝泡足盆里试了试水温，不时向盆里添加热水，足足泡了一刻钟之多，朱师傅才抽出刀来，反手逆刀，"嗖嗖"之声下，片片薄薄的灰甲飞落下来，之后又顺刀，转挖，平扦，一簇簇老皮弯甲被剔了出来，我在旁边似乎看到一位篆刻大家在摆弄他的作品。一个小时，两只脚已经扦毕，原先灰甲厚厚、趾甲长长的双脚，已经被修整成红润的甲片，干净的甲沟，齐圆的趾甲。老先生高兴地唏嘘说，好！好！到上海来，这件事做得真开心。他兴奋地取出了自己的一本著书，慎重地在扉页上题了字，还给老朱一张名片说：真希望你到北京来时给我再扦扦脚！

朱师傅现在已经随女儿移居美国，陪伴第三代生活了。

华君武老师真不愧是幽默大师，他的观察生活和幽默情趣实在是点滴渗入，他的跳跃性的构思及发散型思维真让人佩服。记得我到他家里做客，他的客厅里挂了一幅装饰画，是一个猫，画的下面是一个鱼缸，灵动悠闲的金鱼游来游去。华老说，我就让它挂在鱼缸上面，叫它干瞪眼吃不着！这次扦脚时他又来了，他说，我是画了几十年的画，老朱是扦了几十年的脚，有一点是相通的，就是熟能生巧，你看，他见我的脚是积重难返，就采用渐渐扦薄的办法；我们画漫画也是如此，有的时候正面进攻难以取胜的时候，就可以从侧面迂回进攻，然后拿下。

回到家里，我还在想，华老怎么扦着脚却联想到创作上去了，还讲得那么哲理。我将他的话记到了我的漫画日记上。第二天，我在报社碰到了社长赵凯同志，向他汇报了华老的话，他哈哈大笑说，你这也是迂回战术呀，扦脚好，老同志自己又寻不了这活，现在包抄过去，好，请华老多为我们提供些漫画作品！

开辟"天呈漫画专栏"

2004年,我向时任《文汇报》总编裘新打了个报告。

我说,漫画是一种深受广大读者喜爱的艺术形式,在国内外的报刊上,经常有大幅的漫画作品以专栏的形式,表达深刻的主题或对时事的观点。《文汇报》是国内外深有影响的大报,有自己独特的视角和观点,应该有具有个性的漫画专栏。

《天呈漫画》专栏

我是《文汇报》的老漫画作者,创作单幅的讽刺漫画作品为主,以涉及面广、开掘深见长,作品多次在国内外获奖。我向他请缨,来开辟这个专栏。

我有以下几个有利条件:有二十几年的漫画创作经验,有报社编辑的工作经历,有掌握电脑绘画的制作技能(可迅速反映新闻热点和传递图片),更主要的是我有一股敬业精神和与党中央保持一致的工作态度。也许你会说我年龄大了,干不了几年了,但是我说,我的心理年龄是年轻的,我运用的软件是新的,我的思维是发散的,我的反应速度是灵敏的(我天天驾车,打乒乓球也可在报社数得上号)。漫画作者的工作时间是很长的,华君武、丁聪、方成现在都快九十了,还在创作,我当然不是以大师自比,但是,如果要为《文汇报》再画十年,也不成问题。

这话果然应验,《天呈漫画》专栏在《文汇报》时评版开了十年。

2004年底,《天呈漫画》开张,一周五幅,是个很兴奋的创作挑战,也为漫画界在全国开了个先例。第一幅漫画是《当心来路不明的圣诞贺卡》,提醒伪装成"圣诞老人"的电脑病毒,专栏用了个小小的标记,黑底版上一个燃烧的蜡烛头,上面跳跃着一个微笑的火焰。

一天,我到一家商场去买了一张《天下无贼》的光碟,要求开张发票,老板一会儿说行，一会儿说不行，一会儿又说50元以下不开。我回来就画了一幅，第二天，专栏就用了，编委会上还表扬了，说，就是要有生活，有漫画语言，有看头。

说到《天呈漫画》这个专栏，有一个人是不能不提的，那就是时任摄影美术部主任的徐晓蔚先生，他是这个专栏的"顺产婆"，他上递报告，安排版面，固定位置，下定题材，策划周期，审核作品。他不仅申请安排召开了天呈新闻漫画研讨会，而且编排了《天呈漫画》（这一专栏新闻漫画结集）的出版，还在徐汇艺术馆举办了"天呈新闻漫画展览"。没有他的支撑，这个专栏的推出和进展可能没那么顺利。

方成先生

漫坛寿星方成

方成，1918年生，是百岁寿星。

方成是"文革"后在中国开办漫画展览的第一人。他创作的《武大郎开店》等文人漫画，直指时弊，寓教于乐。方成是一位非常多产的艺术大家，除了画漫画，他还写杂文、相声、小品和打油诗等等。

1982年，我画了漫画《"三光"政策》，讽刺日本当局对侵华史实，采取"撕光""改光""擦光"的卑劣行径。作品寄到人民日报社，8月15日，作品发表了，全国的许多报刊都转载了。当时在《人民日报》（国际版）当编辑的方成老师，给我寄了样报和来信，他鼓励我，要多画国际漫画。我才知道，那幅画是经方老的手发表的。隔了一年，方老到上海来开办漫画展览会，在画展上，我看到了著名的《武大郎开店》《不要叫老爷，叫公仆！》《神仙也有缺陷》等脍炙人口的漫画作品。展览结束后，上海市工人文化宫漫画组把方老请到文化宫讲课，我们又聆听了他的创作理念，领教了他的幽默和风趣。

1984年，我与方老，同为第六届全国美展评委，更是得见他对漫画作品的评述和见解。他在评画时，有见地，又很平和，总是想怎么使作品更加完善。他是广东中山人，很多时间住在深圳，又是画又是写。他与相声大师侯宝林很要好，常常说着说着就来了个段子，抖了个包袱。他身体很好，八十多岁还骑自行车。我问他，你的健康秘诀是什么？他回答说：一个字——忙！仔细想想，

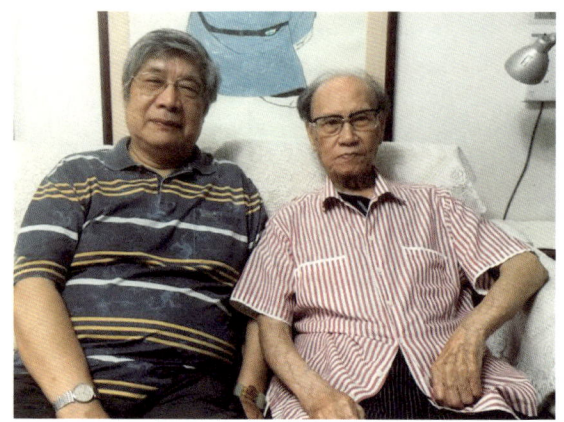

我与方成先生

还真是有道理。走南闯北，四处讲课，应约画稿，编辑出书，自然是越跑越精神了。

2007年，九十岁的方老给我来信，建议在上海建立一个"漫画博物馆"，因为上海既是中国漫画的诞生地，又是漫画曾经取得重大发展和辉煌成就的地方。

方老认为，漫画是随着社会文明高度发展而产生的一种绘画形式，为广大群众所喜爱，对国家、社会的继续发展，是可以起到促进作用的。因此，许多国家很重视漫画，建立了各种形式的漫画博物馆。

方成先生的漫画，多是用国画方式绘制的，在创作漫画作品的同时，他又创作了许多水墨作品。鲁智深、铁拐李、钟馗等，都是他常用的水墨题材，他与王林先生合作举办了多次水墨漫画展览。2004年应上海朵云轩和上海首届国际艺术节组委会邀请，在上海朵云轩举办"方成、王林水墨漫画展"，并举办《方成、王林水墨漫画》大型画集首发式和作品研讨会。2008年，方老应上海图书馆邀请，来到上海。他邀我去他下榻的宾馆聊聊，我顺口就向方老索要墨宝，他笑笑说：咱们交换，交换怎么样？我马上说：好呀，一定！

正好上海城市管理学院院长王其康先生，邀请方老、戴敦邦先生和正好在上海的庄锡龙先生同聚，我兴冲冲地带上一幅我的水墨，去图书馆宾馆见了方老。我即刻将我的画交给他指点，他连连说，好，好，漫画家就是要运用多种手段来表达。我说，我可是来"抛砖引玉"的。方老笑了，取出一个信封，说，早准备了。我取出一看，是一幅鲁智深水墨画，画中的鲁智深眼神炯炯，动作有张力。我拱手致谢，将信封插在外套的口袋里。

陪了方老到一餐厅里，坐下后，将外套脱下挂到椅子背上，突然发现我外衣口袋里的信封不见了，四处寻找，不见踪影，这才想起，我扶了方老走上几个台阶的时候，有人从我身边"擦"过，他肯定以为这信封里面是……王其康先生问，会不会掉在宾馆？锡龙兄又问，会不会落在汽车上？方老笑了，说：不就一张画么，不要影响我们的情绪，到北京我再给你一张不就行了！来来，坐好，举杯，谈我们的。果然，过了一个星期，我收到了方老从北京寄来的墨宝，还是那精神十足的鲁智深，只是画张比原来的还大了。

2016年，我到北京去，到方老家去拜访，与他合个影。他说,慢,让我穿件衬衫。我说,我得了个奖,到北京来领奖的,请你吃饭去!他说,好呀,走啊。我们一起来到了人民日报的小食堂里,坐下喝点小酒。我问他,还抽烟不?(原来他每天抽五支,漫画家徐进与他一起出去应酬,由徐进管理,不能多抽。)他说,现在不抽了。老爷子还是很健硕的,他几乎每天书写,一整张的四尺宣纸写四个大字。我请他给我写一幅,他立马就答应了,说,写了后让继红(方老儿子)寄我。

方老是中国漫画界的常青树,愿方老健康长寿,吉祥如意!

丁聪先生自画像

丁聪先生是个大画家

丁聪先生是个大画家,他的父亲是著名的漫画家丁悚。丁聪先生经历坎坷,却从不诉说自己的不幸,我见到他的时候,永远是乐呵呵的,与我用软糯的上海话细细交流。

他1916年生于上海,擅长漫画、插画,二十世纪30年代初开始发表漫画,曾任人民画报副总编辑,作品有:《鲁迅小说插图》《丁聪插图》,老舍《四世同堂》《骆驼祥子》等众多作品的插图。他的作品,让我十分佩服,他的代表作《现象图》让人反复观看,还觉得高不可攀。2016年,丁老诞辰一百周年,

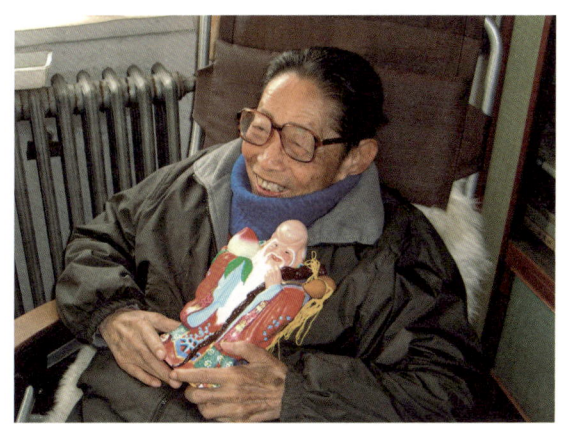

丁聪先生

我与沈峻先生

他的作品在上海展出，我有机会近距离欣赏到他的原稿，大为感叹：原来，他的原稿是那么的精美、细致，而且，它的肌理、笔触是那样的难以攀越。他的作品被国内外美术馆收藏，确实是因为他是一座高山。可是他在作品下角总是签名——小丁。

丁老的家里堆满了书，书桌上也就留下一小块可以作画的地方，可是却流出了那么多精彩而脍炙人口的作品。他笑容可掬，待人和善，他的笑容展示了他灿烂而睿智的气质。他的讽刺漫画十分辛辣，常常直击要害，现在看他的讽刺漫画，还是那样的振聋发聩，让人警醒。

丁老的造型能力很强，他为许多名人画漫画肖像，其中有巴金、冰心、老舍、王蒙等等，但是，我感到画得最传神的是他画夫人沈峻及儿子丁小一，尤其是原稿上的毛笔线条，更是精美。

年过九旬的丁聪还是耳不聋、眼不花，头发乌黑，还喜欢吃肉，喜欢吃大闸蟹。他的健康长寿秘诀是什么呢？丁聪说："我没有什么健身之道，一切都顺其自然。我从不吃药打针，从不运动，不吃素菜和水果，没有荤菜过不了日子。这样，我也活到了九十岁。我认为不要刻意去追求健康，只要心情放松，想干什么干什么，就可以了。"他的健康长寿之道就是顺其自然。

2008年3月我在北京开会，与北京漫画家徐进及天津漫画家左川一起去探望他老人家，他精神还好，就是比以前清瘦了许多。他说，现在是画不了啦，笔不听话了。他说话还是很风趣的，与京津画家讲纯正的普通话，与我又夹些上海话，思路非常清晰。我们与他合了影，又让他把放在柜上的老寿星捧在胸前，说，愿他健康长寿，继续创作，做个永远不老的"小丁"。

在丁聪先生的塑像前

夫人沈峻是丁聪老一刻也不能离开的"家长",她自嘲为"小丁同志的终身高级保姆",一辈子为他牵肠挂肚。此外,她还是丁老创作上的助手,是漫画界十分敬重的大姐。我到北京昌运宫他们家,见沈峻老师八十岁高龄,居然骑自行车去买菜,真是很感动。丁老去世后,沈峻先生的一段话,直直击打我的心:

我推了你一辈子,就像高莽画的那样,也算尽到我的职责了。现在我已不能再往前推你了,只能靠你自己了,希望你一路走好。我给你带上两个孙子为你画的画和一枝毛笔、几张纸,我想你会喜欢的。另外,还给你准备了一袋花生、几块巧克力和咖啡,供你路上慢慢享用。巧克力和咖啡都是真糖的,现在你已不必顾虑什么糖尿病了,放开胆子吃吧。

丁聪画夫人及儿子

茶馆店里来的"中国新闻奖"

没有出差外地或开会,我几乎每周都会去一个地方——茶馆。茶馆很简约,是个棋牌室的过道,放了五六个方桌,二十多个退休的老同事老同学老朋友坐在一起,闲扯吹谈。茶资5元,桌上放个罐,来的人自己朝里放,老板提供一次性茶杯和开水,茶叶则这次你带,下次我带,红的绿的都有,龙井草青碧螺春都可以,抽烟的发来发去,有哪位公子结婚女儿出嫁添了外孙的,也会带来糖果红蛋给大家分享。坐了下来,便是海阔天空,东南西北,大到奥巴马希拉里,小到居委会鸡毛蒜皮,高兴时哈哈大笑,气愤时拍桌喷灯,直到弄了两个多钟头,站立起来,拱手道别,下礼拜再见。

那是一个社会最底层的娱乐场所,来的人年龄都在70岁左右,交换着听到的、看到的、碰到的,讲自己的开心事,骂碰到的窝心事,交流各自的身体疾病,询问哪儿求医比较好,听某人说哪儿有便宜的好吃的,大伙一起约了去撮一顿。甚至,约了一起去过几天"农家乐",好是开心。更有人把手机拿来,请年轻一点的老头教他拨弄拨弄,怎么上网,怎么上微信,又把照片传来看看,有的还群发一组红包,开心开心,原因只有一个,家里的儿孙嫌烦,不肯教,说教了几

某投诉热线电话线路图

遍还不会，现在，茶馆里，给老头骂几句也开心——我学会了！

一天，一位老同事说，他家里的电器故障问题，他拨打了投诉电话，先是说"普通话服务请拨1，英语服务请拨2"，又听到投诉拨多少、咨询拨多少，再到后面"线路正忙"，让他听音乐，听到后来吃勿消了，电话那头又说"欢迎继续拨打"。这叫阿拉哪能办？我听了后，感到这正是个漫画题材，便记了下来。回到家里，我把这个题材进行了构思，让投诉人走进了一个七转八弯的迷宫，最后还是"投诉无门"。

漫画《某投诉热线电话线路图》见报后，得到了读者的好评，因为来自底层生活，作品很有活力，容易引起共鸣。该作品获得了第十六届中国新闻奖三等奖，从小小茶馆店里捞出一条鲜活的鱼上了全国的大餐。

天呈的新闻漫画开了研讨会

2006年1月6日下午，上海市新闻工作者协会、市新闻学会、文汇新民联合报业集团和文汇报社，在文新大厦联合举办"天呈新闻漫画研讨会"。那是对我的创作的一次检阅和总结，漫画界的徐鹏飞、黎青、庄锡龙，特地从外地赶来，企业家刘瑞旗、著名曲艺家王汝刚也来参加了会议。

时任文汇报副总编的陈启伟先生在会上作了《"天呈漫画"与文汇报品牌战略》的报告。从"天呈漫画"的诞生、"天呈漫画"的特色、"天呈漫画"的幕后三个方面，谈了这个品牌的特点。

他强调了漫画家与报刊的互助关系，还指出了漫画家熟练掌握电脑技术的重要性，运用电脑技术可以浏览新闻、检索资料、进行创作、保证传送效率，这就确保了作品的及时性和正确性。"天呈漫画"做到了紧扣热点、新闻性强，做到了视野开阔、题材广泛，做到了二度创作、构思巧妙，做到了手法多样、常有创新。而在"天呈漫画"的背后，有一

研讨会现场

个十分认真的创作态度作支撑。为了一幅漫画，往往要找三四个素材，有些要画出草稿，常常要与部主任或其他部门的同事进行讨论。如果到了下午三四点钟选题还没有眉目，或者画好的东西没有通过，被"枪毙"了，就会坐立不安，直到新的构思形成。创作的态度要很严肃，网上和小报上不少耸人听闻的消息，来源不明的情节，一律不用，因此，到现在，选题从未与虚假新闻沾边。牵涉到的人物，都要调出相关资料，夸张，画像，做到惟妙惟肖。

时任文汇报党委书记的吴谷平说，以前有一个百变金刚，我觉得天呈是"百变天呈"。为什么讲"百变天呈"呢？第一，他的作品题材多，题材多变，有国际的、国内的，有政治的、经济的，有社会新闻、有文艺、有体育，涉足面很广。有些漫画家的题材比较单一，比如说有些专门画国际漫画，有些专门画社会新闻漫画，有些专门画体育漫画，而他的漫画题材非常之广，凡是新闻涉及的内容，他都涉及了，这是一个多变。第二个多变呢，是他的形象多变。注意一下他的漫画集，各种形象都有，有胡子尖来兮的，有圆圆的头的，有平头的，有尖嘴巴的，人物形象多种。而且除了人物形象，造型也很丰富，所以我讲他的漫画人物形象多变、风格多变。他的作品风格上也是多变的，有一些比较传统的漫画风格，也有一些用现代手段处理的风格，包括把很多照片组合起来做的作品。不光是简单地用几条线条勾出来，也有彩色的，也有连环画性质的，《小小王先生》就是连环画性质的。所以我说，天呈的风格是百变的，各种各样的东西都在尝试，但是有一条，尽管是"百变"，但是他有一条没变，那就是新闻工作者的责任心没变，在整个漫画界中，可以感觉到，这种社会责任感。我看他那颗年轻的心是没变，他那种勤奋努力工作的态度没有变。刚才天呈也讲到，我们做版面的同志也讲到，有的时候，新闻界的漫画往往是急就章，看到一个题材，一个电话打过去，让他来幅画，他马上就答应，在家里画好，就邮件传过来，我们就搬上版面去。

漫画泰斗华君武先生和丁聪先生也发来贺信

这种勤奋状态、敬业状态是我们很多年轻同志所不及的。

漫画艺委会主任徐鹏飞说，天呈漫画专栏大多数都是在黑白版上发表，对黑、白、灰色块的处理非常好，就像手绘一样非常清晰，真正体现了他运用电脑的灵活性。尤其是他把黑颜色用得非常好，因为这个单线条在画里面给人一种分量厚重的感觉，在报纸上发表出来以后，是抢人眼球的。

天呈的绘画是与时俱进的。天呈同志也是六十岁的人了，在过去来讲，画了三十年，也是即将退休的人了。当国外的连环画、动漫、卡通这些东西涌入到中国漫画市场的时候，大家对它们的态度也是不一样的。有的人是排斥的，有的人是接受的。这个新事物进来以后，对传统漫画是一种冲击，但是天呈能够非常冷静地对待它们，能够吸收这种外来的东西、前卫的东西。他不但能够包容它们，而且为了适应读者的不同口味，他也在试探、在变化自己的处理方法。尤其是他的"小小王先生"系列漫画，我看后挺有感慨的。当年，叶浅予画"王先生"的时候，是在上个世纪二三十时代的上海，用那种形式在报纸上连载。而今，天呈在画这个"小小王先生"，他采取了现在年轻人能够接受的漫画形式。这种形式，我不会画的，不是别的，因为我的观念所致，我还是画我的四格、六格、八格（连载漫画）。天呈完全接受了一种新的事物，他用多格方法（穿插，对话）来表现，这种新的形式，符合新一代读者的阅读习惯。

时任深圳美术家协会副主席庄锡龙先生说，我和天呈认识将近四十年，他给我最大的感觉就是非常勤奋。作为一个漫画作者，如果他不勤奋，就不会有作品出来。艺术家就是要勤奋，才能出作品，但是更重要的一点是，天呈有一种漫画家的责任心，我觉得这是非常重要的。如果一个漫画家，见什么画什么，行吗？一个优秀的漫画家，是要用心去观察周围的事物。所以，这几十年来，我感觉沈天呈的漫画作品是"点点滴滴皆入画，丝丝入扣总关情"。虽然我在深圳，天呈在上海，但我们经常通电话，有的时候，他给我来电话说："锡龙，我构思了这么一幅漫画，你看怎么样？"我们就在电话中讨论漫画，然后我就知道他又有一幅好作品要出来，真是非常难得。

时任中国漫画艺委会副主任黎青的母亲卧病在床，但他还是来到上海。会上他说，天呈漫画表现在人物上有自己独特的一面。他的漫画人物造型不是千人一面——画出来的人物都是一个模式刻出来的，而是丰富多彩、极具个性，这与天呈先生平时写生、肖像漫画的处理有直接关系，他积累了一手非常扎实的写实基本功，在这个基础上，经过变形和夸张，就形成了他的人物造型多样化和个性化。我记得，天呈到我们济南参加评选时，无论是司机也好，工作人员也好，厨师也好，只要是想请天呈先生画漫像的，他一概没有拒绝。这不仅体现了天呈先生一种平和的心态，也体现出他对漫画艺术的严肃、勤奋——抓紧一切机会、时间来锻炼自己创作能力，积累素材。

时任上海美协副主席朱国荣说，上海的传媒界有两位很著名的专栏漫画家，他们正好都是文新集团的编辑。一位就是"天呈漫画"专栏的作者沈天呈先生，另一位是"智慧快餐"的作者郑辛遥先生。我之所以提及郑辛遥，目的在于分析他们两位创作上相同的地方和不同的地方。天呈漫画难在什么地方？我看了以后觉得，他的作品是很尖锐的，不管是国际题材还是国内题材。其中，社会新闻是比较难"点"的，因为"点"得不好，如同"点针灸"，容易把穴位点错。因此我认为他在掌握政策这一点是较为准的，这在文艺界是很可贵的现象。我们搞文艺的人能够把政策"吃"得很透的人不多。另外，他配合当前的形势宣传，做了不少工作。比如，漫画家协会去年搞了两个漫画展览会，一个是禁毒漫画展览会，还有一个是禁赌漫画展览会，这两个漫画展览会都是配合当前形势而举办的，天呈在其中起了很重要的作用。

老领导龚心翰说，天呈同志是上海漫画界的领军人物。漫画是时代的需要。一个报纸不能没有漫画，现在看来，凡是有漫画的报纸，读者相对喜欢看点。天呈同志有强烈的新闻敏感，他的漫画是充满了新闻性、时事性的，与当前发生的事态紧密联系。第二，天呈的漫画"有特点，有创意，明快，耐看"，它不是一般的插图，本身有创意，明快就能抓住你，耐看就不是一看就完，再端详端详，还觉得很有意思，很有回味。另外还讲八个字，他的特点是"题材广泛，形式烂漫"。所以我说，天呈同志应该可以说是上海新闻漫画的领军人物。

画了个狗狗"勇勇"

2006年4月5日至9日，第八届世界短池游泳锦标赛将在上海举行。大赛筹委会收到国际泳联大部分会员的回函确认，有120多个国家和地区的800多名运动员来上海参赛，规模创下了这一赛事的历史之最。本次比赛的场地选择在位于上海西南角的闵行区旗忠森林体育城网球中心。组委会向社会征集锦标赛的会徽和吉祥物，于是，我就创作了一个吉祥物，向大会投稿。吉祥物是一只可爱的狗狗（2006年是中国的传统狗年，而且狗是喜欢游泳的动物），它戴了泳镜，戴了泳帽，躬着双手，翘着双耳，一副俏皮的样子。

吉祥物"勇勇"

天呈设计作品

稿件被组委会录用了,起了个名字叫"勇勇",意寓奋勇向前,勇夺胜利。吉祥物被做成了绒毛玩具。那天,我受组委会的邀请,到旗忠村去观看比赛,看到中外运动员在领奖的时候,手捧奖牌和吉祥物的开心样子,我也与他们一样的开心。那时,有一位资深评论家对我说,你的设计可以,但重要的是评委的眼光好,能认可这作品才是高水平。

我为其他地方设计的吉祥物和司标也不少,其中不少是运用了漫画元素和手法。

《漫画看世界》

讲课现场

为公务员讲漫画

漫画，什么是漫画？什么是好漫画？

漫画是一种艺术形式，是用简单而夸张的手法来描绘生活或时事的图画。一般运用变形、比拟、象征、暗示、影射的方法，构成幽默诙谐的画面或画面组，以取得讽刺或歌颂的效果，是一种具有强烈的讽刺性或幽默感的绘画。漫画作为一种艺术形式，首先必须具有审美价值，而我们有些人并不知道这一点，认为漫画就是简约的画，表达个意思的画，甚至有人认为是画不了油画国画版画的人才去画漫画，这就大错特错了。有的编辑，不懂什么是漫画，什么是好的漫画，那就糟糕了，他用的漫画，画不达意，比喻失却，制作马虎潦草，还刊登在报纸上，有的还做得很大；有的漫画作者，漫画造型能力极差，弄来弄去是一个样子，像用一个图章敲出来的；于是，读者更认为，漫画就是这样的，越来越糟。不懂得欣赏漫画的艺术精神，不具备分辨漫画好坏的艺术眼光，在"快餐文化"的驱使下，刊登的漫画作品很多已不见传统漫画的精髓，这一现象直接影响了年轻一辈对于漫画的认知和见解，间接导致了如今漫画市场的衰微和消沉。

为了普及漫画知识，提高鉴赏水平，在上海人事局的安排下，我为上海的部分公务员开讲一课，题目是《漫画看世界》。那天来听课的人不少，有许多是年轻人。我从漫画的种类、形式、特点及代表作品进行介绍和分析，课堂里笑声四起，大家感到，尽管自己不一定去创作漫画，但一定要提高自己的鉴赏能力。一幅好的漫画需要具备正确的主题、巧妙的构思、精美的制作三个条件。漫画的种类很多，包括时事、新闻、国际、社会、教育、经济、体育、幽默、肖像、连环画、动漫、心理、成人、招贴画、讽刺、歌颂、抒情、公益等。用漫画来看世态、看问题、看人性、看世界所发生的变化，用漫画的艺术手法表达作者的观点、立场和心情。

课后，许多与会者要求我签名、留影，我感到，喜欢漫画的人还是很多的。

漫画名片

不少人请我画头像做名片，有的是画了漫画肖像感到有趣，就做到名片上去了，有的是个性、行业特点的需要。

上海大红广告公司常用漫画做广告，于是他们公司的业务经理都有张用漫画做的名片，跑业务的时候递上一张漫画，既让客户记得牢，又拉近了交流的距离，很受欢迎。有一次，公司的副总经理骑了自行车回公司，由于逆向骑行，被警察拦了下来，他是从东北来到上海的，上海话还讲不利索，又忘了带身份证，警察怀疑这车的来历。这车是公司的公车，可他又拿不出证明，正在为难的时候，突然，他想到名片。他说，我有名片。警察说，名片又不能说明问题的。当副总经理把名片递给警察时，警察也笑了，说，画得真像，还是个副总呐，好吧，接受教育，改正错误，走吧！他回公司一说，把大家也逗乐了。

上海和平汽车销售公司的老总周和平先生，不忘创业期间自己踏了脚踏车去推销汽车的经历，叫我为他画了个骑了脚踏车的漫画肖像，装了镜框，挂在公司里，激励自己，激励员工。

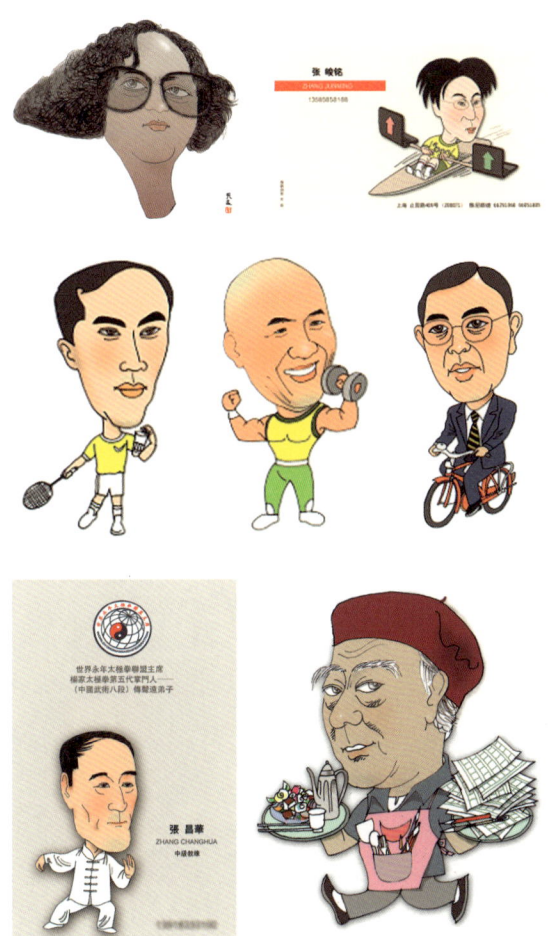

天呈漫画名片作品

为埃及《金字塔报》总编画漫像

2006年2月，我与时任文汇报党委书记吴谷平一起访问了中东地区的两大报社——黎巴嫩画报社和埃及金字塔报社。黎巴嫩是个非常美丽的国家，旅游资源十分丰富，基督教的尖顶教堂、伊斯兰教的圆顶清真寺、纱裙裹身仅露出一双明眸的女性，还有身罩白色长袍或西装革履的绅士，一派独特的中东风味。一天夜晚，我们在贝鲁特街上闲逛，步行街上熙熙攘攘，路边咖啡店飘出沁人的芳香。我们走进路边一家卖手工艺品的小店，老板是位五十开外的黎巴嫩人，淳朴憨厚的脸上正露着微笑。我们一边挑着小礼品一边和他开着玩笑，商量着价格。我拿起两个铜制的皮鞋形状的烟缸，

卡拉姆高兴地接过天呈为他画的漫画像后与我们合影。左一为中国驻黎巴嫩大使刘向华女士。

小小的，只有十公分左右，上面的鞋带也是用铜丝做的，很招人喜欢，标价3美元一个，店里只有两个了。我对吴总开玩笑说，你买不合适，你买回去送人，不是给人"穿小鞋"了嘛，我就买下了。可是我对那店主开玩笑说，看你的鞋，哪个是左脚，哪个是右脚？你的鞋是一顺脚的，这可要便宜点。那老板硬是不肯，在计算器上打着"6"。我指着旁边的花瓶说，这上面的图案画得有风格，老板得意地说是他自己画的。吴总说，哇，你们是同行。说着，要我给他画个像。那老板将信将疑地看着我，我说没有纸，那老板来劲了，去找来了一张纸，又拿来了一支笔。我说：慢——，我画可以，但画好以后，您的小店里得让我挑一件礼品。老板笑笑似乎答应了。我用线条勾画了他的脸形，又夸张了他那厚醇的鼻子，几下就把他的特征拎了出来，旁边的人也笑了起来。我在纸上题日期签名字时，老板弯身到货架上取下一个铜质的烟缸，中间有一棵黎巴嫩的国树督松，大约4美金，他用包装纸包起来送到我面前。我开玩笑说，你不是让我挑一件嘛。大家都笑了起来，我马上对他的赠送表示感谢，他也笑呵呵地送我们到店门口，挥手与我们告别。

66岁的卡拉姆是国际记者联合会副主席，是中东地区非常有影响的黎巴嫩画报的创始人，听说我们来访，他抱病前来会见。在会见时，听说我是中国来的漫画家，他十分乐意我给他画个漫画肖像。他微秃的圆脑袋，

有一个显示倔强性格的大鼻子，说话间透露出他的刚毅之气。我用粗粗的油性笔在裱好的宣纸板上画出他的脸庞，眉头紧锁，目光炯炯。我把画好的漫画给他时，他不顾自己的手臂上有伤，拉了我们和时任中国驻黎巴嫩大使刘向华女士一起照了相，还叫秘书把其他漫画家给他画的漫画像复印给我，笑呵呵地说，他们都夸大我的大鼻子。

我们来到埃及——一个有着美丽的尼罗河和雄伟金字塔的古老国家。我们拜访了埃及《金字塔报》的总编辑欧赛迈。推开包裹着皮革的木门，穿过一个房间，走进总编辑的办公室，咖啡色的家具古典雅致，书橱里摆着大部头的成套图书。他是一个很忙的人，在接待我们时，不时有人来请示他工作，又不断有电话要他接听。吴谷平先生赠送了"丝绸文汇报"礼品给他，并说，我们的漫画家将为您画一幅漫画肖像。看他有点为难，似乎没有那么多时间，吴总说，不会用很多时间的。他们继续在交谈，我就细细地打量了他：脑袋谢顶了，耳朵很大，鼻子翘翘的，又是"阿胡子"，很有漫画特点。我拉起笔来，一条线勾画出脸形，几笔就肯定了眼神，再用蓝色晕上胡子，就活脱脱地成了。我刚把画像举起来，旁边的翻译就叫了起来：How nice just a minute! just a minute!（太妙了，只有一分钟一分钟！）当我在画上题写"丙戌年元宵"时，吴总在旁边说，这是个中国

埃及《金字塔报》总编辑欧赛迈先生接过天呈为他画的漫画像，高兴地与我们合影，还拥抱着行了个阿拉伯礼。

人团圆的欢庆的日子。欧赛迈高兴地接过漫画肖像，与我们合影，还与我拥抱，行了个阿拉伯礼，左边亲了下腮帮，右边亲了下腮帮。出了金字塔报社的大楼，刚坐进了轿车，坐在前面的翻译——一位埃及的小伙子就急着和我说什么时候可以为他画个漫画肖像，我说可以。我看着这个有着一头小鬈发，黑黝黝的脸，厚厚嘴唇的阿拉伯小伙，记住了他的特征。回到宾馆，我默写了一幅，在我们即将离开埃及时，把画送给了他。小伙子高兴地用刚学的上海话说：谢谢侬，谢谢侬！

鼠年画鼠

以老鼠为主角的新一年"上海风采"福利彩票鼠年套票，于2008年在上海南京东路步行街的世纪广场举行大型首发仪式。不仅有彩票现场销售及套票相关咨询，还设置了

《鼠年画鼠》

表达方式，体现了人们对鼠年新春的寄托和期待。

用漫画的形式来画动物、画十二生肖，是很有趣的，很受读者欢迎的。例如这次画老鼠，本来是让人讨厌的一种动物，结果在漫画家的笔下，塑造得可爱而讨人欢喜。原先我画了一张，与其他人的作品合为十二个月一套。我画了个剪纸形的老鼠在啃书本，煞有介事的，还戴了副眼镜，起了个题目，叫《腹中自有书万卷》，很好笑。之后，主办方让我再画个"珍藏版"，想了一阵，我画了个鼠年幸运鼠，在迷宫中抱了个大金蛋，好开心啊！

好多彩迷来买这套漫画《鼠年画鼠》，他们根本不为中奖，买了一套一套的，根本就不刮开号码，而是叫我们在上面签字。他们认为，这，更值！

游戏互动环节，让彩民朋友们在购彩的同时，感受到"老鼠嫁女"般的热闹气氛。

鼠年套票在设计形式与题材选择上，与往年颇有一番不同。为了迎接鼠年的到来，上海市福利彩票发行中心首次联合上海市美术家协会，由本市的著名漫画家们精心创作了一系列清新可爱、生动丰富的老鼠形象，并从中选取一部分，特别推出"漫画"生肖套票。漫画中的老鼠，虽是以小动物的形象出现，但行为和思维已被拟人化，其实质是漫画家们在借"鼠"说事。这样一种特殊的

渡口

收到一个稿约，画纳税漫画。我平时画画，对企业纳税方面很不熟悉。于是便看资料，看新闻，发现有的人、有的企业，为了自己的私利而逃避纳税。税收是保证国家机器运转的经济基础和宏观调控的重要手段，有的人总想着法子绕着走，肥了自己，坑了国家。

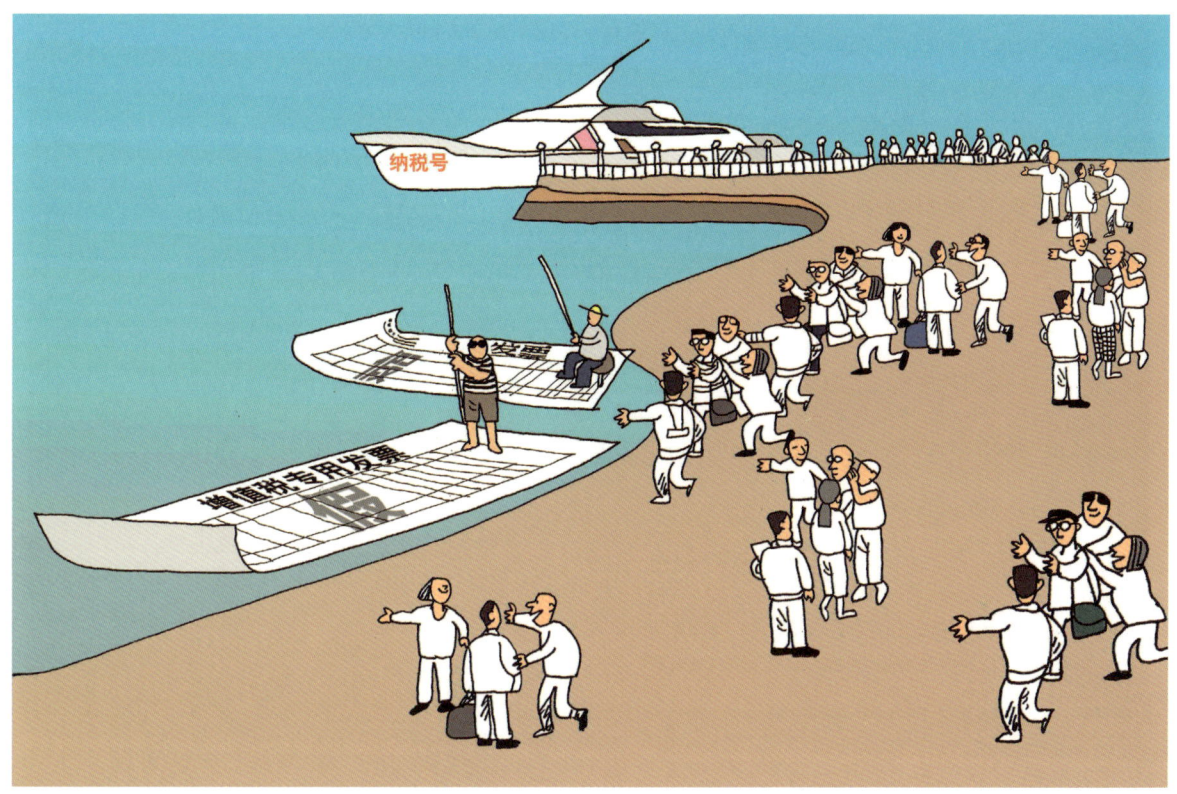

纳税漫画

他们放着好好的康庄大道不走，却想着法儿地钻那歪门邪道，弄假发票，甚至是假的增值税专用发票，逃税漏税，刀口舔血。于是，电话里来了，要发票吗？地上来了，要刻章吗？墙上写了，要办证吗？我构思了一个"渡口"，大多数人去乘坐了"纳税号"摆渡，平稳安全，安心放心，而恰恰在渡口旁边有那么些人，有的在寻空子钻，用别的方法过河，有的则是被一些居心不良的人推着拉着，上了那些假发票的"筏子"，当然，这是相当危险的。

这幅漫画也提示了我们的"渡口"管理人员，为什么会有那么多的推拉者让人上危险的筏子，为什么"渡口"那么混乱，应该严格管理了。

画画回忆图画

上了年纪喜欢回忆，写回忆文章。退休了，想想小时候的情况，翻翻老照片，看看以前

店堂

的活动场景。可是我小时候,家里没有照相机,更没有手机、摄像机,留的照片多是在照相馆里的照片,留在脑海里的也只有那模糊的记忆了。

那天,我铺开了一张白纸,我想把我十岁左右对家的模糊记忆留下来。我先画了那时的店堂,有店柜,有招牌,有靠椅,有饭桌,有我小时候伏在上面做作业的账台,有我贴在喇叭旁边悉听的无线电,有客堂,有厨房,有现在看不到的拖线葫芦电灯,也有长管的日光灯。那个时候的电器质量差,无线电收音机是电子管的,开机要预热,开辰光长了要散热,落雨天会"罢工",声音极低,要耳朵凑在旁边才听得出,更有些"贼骨头"冒充顾客在店堂里晃悠,伸手把无线电后背的电子管拔走。日光灯的"接触"也常有问题,

记忆中我的小房间

记忆中父母的卧房

"斯达特"常常跳不起来,日光灯一闪一闪的,于是,弄了一张报纸卷一下,点了火在日光灯灯管上"加温",让它跳起来,现在看来,真是蛮可笑的。

回忆画的细节太重要了。收银的账台,店堂里的翻桌,铜的痰盂,客堂里的佛龛,板壁上的祖先照片,吊在横梁上的"风鸡",在漫步张望的白猫,使画面丰富起来了。在计算机里铺上一层层颜色,让它成了"彩色的回忆",就更有趣了。我的小房间在二楼,一个铁床,挂着帐子,两口大柜,一个方桌,几把椅子。板门后放着上阁楼的木扶梯,铁

床后放着如厕的马桶箱,方桌上有茶缸、茶杯和"洋风炉"。小时候,一清早在小钢盅锅子里放点隔夜饭,倒点开水,点了"洋风炉"热一下,成为泡饭,吃了去上学。

画得有趣就有劲,我又回忆了父母亲的卧房。我将这画打印了给老邻居、老亲戚看,他们也很激动,又提了很多意见,让我完善。其实,我也回忆起小时候更多的细节,包括有一年刮台风,风力非常大,马路上尽是滚落物件的声音,楼上不敢住了,一家人在店堂里睡地铺,很有趣味,只是我的绘画技巧记不下来了。

为金昶伯画漫画像

金昶伯,这位中国集体球类项目女子曲棍球主教练来自韩国,他一手调教的中国女子曲棍球队干净利落地战胜了韩国队。在中国曲棍球运动的发展史上,应该为他写下浓重的一笔。事实上,对于大多数中国人而言,知道、了解曲棍球运动,是和金昶伯的名字联系在一起的。他经常说,这么多年来,我整天和中国姑娘们在一起,彼此在情感上十分融洽,只有在中国上飞机出示护照时,我才会想起,我原来是一个韩国人。

文汇报体育部季安之对我说,过几天,

为金昶伯创作的漫画肖像

金昶伯将携夫人一起做客文汇报,在文汇讲堂上与读者见面交流,作为报社接待方,准备赠送一件礼品给他,想请我为他画幅漫画肖像。我很喜欢金昶伯的性格和作风,马上就答应了。用了一天,画成了,签了名,盖了章,装了镜框给体育部一看,他们说,太好了,老金肯定喜欢!

不料没过几天,季安之又来找我,让我再画一张。我说,怎么啦?他说,金昶伯高高兴兴拿了他的漫画肖像,到他哥哥家做客时"显摆"了,不想让他哥给"截"了,他没办法,求到了季安之,想请"画家"再画一幅。成其好事,我后来又画了幅,让体育部送了过去。

游览静思园

2006年夏末,我与友人游南浔,住了一天,早上在小街上吃南浔早点,与店主闲谈,问周边有什么地方好玩。店主说,不远处是吴江,那儿有一座江南最大的私家园林,名为静思园。大家一听就来了兴趣,决定到静思园去喝茶。开车到吴江,在一家青砖瓦墙的门前停下,见上面三个颜体金字"静思园",旁边一块AAAA级旅游景点的牌子,很是突出。进得园内,刚走到"嘉惠堂"前,一副翁同龢的对联已经吸引了我们。正品味时,一位先生走过堂前,他五十左右,浓眉络腮胡子,头已谢顶,正是静思园园主陈金根先生。与陈园主交谈了几句,他非常好客,将我们一行迎进小竹园,备上几杯碧螺春清茶。我从车子里取了我的漫画册送与园主,园主热情地请导游引领我们去游园。园林占地一百多亩,始建于1993年,历时十年建成。园名

陈金根先生漫画肖像

一次,有日本客人到园里采风,园主将名片给他们,他们咿咿啊啊地赞许,园主很高兴。后来有许多名人朋友去游园,见到名片后又与我联系,说漫画像很有趣。园主就与我来商量,要我画一套他的漫画像与他家的全家福,我起先没有答应,说从来没有这样画过,园主竟到上海来,与我谈这事。一个企业家如此喜欢漫画,为漫画喝彩,我怎么能拒绝呢。于是,经过几次到静思园踩点,与园主沟通,画成了这套漫画。

"静思"乃宁静思远之意。园中建筑沿袭苏州古典园林文脉,既有苏州园林的小巧别致,又有皇家园林的宏大气派;有鹤亭桥、小垂虹、静远堂、天香书屋、庞山草堂、苏门砖雕和盆景园、历代科学家碑廊、咏石诗廊等景点。园中汇集各种精品名石,以灵璧石数量最多,仅悟石山房就陈列了数百块。静思园的镇园之宝——庆云峰,高9.1米,重136吨,通体1600余孔,孔孔皆通,创灵璧石吉尼斯纪录。中午,园主又邀请我们一行用餐,并打开了新的展览厅,将还没有展出的奇石让我们欣赏。回到上海,我画了一幅园主的漫画肖像送他,他高兴地做了张名片。

星云法师漫画像

为静思园园主设计的年历素材

陈金根喜欢石头，尤其是灵璧石。这些由5亿年前火山喷发岩浆冷却后形成的灵璧石，是中国著名奇石，颜色有紫、黑、灰等，造型有龟寿、虎啸、飞马腾空、狮跃、迎客松、紫云峰、刘姥姥等等，神似也好，形似也罢，无不让人惊叹大自然的鬼斧神工。他也喜欢漫画，喜欢那有趣的造型、幽默的情调。2014年，星云法师来到静思园，游园后，与园主亲切交谈，并留下了墨宝。园主很高兴，他与我说，能否将大师的这种神情与精气，用漫画来表达。我看了他们的摄像，读了他们的谈话，细细地品味，亦感到星云法师的高深善惠，于是就画了六幅漫画。

2017年，我又到静思园去，金根还是那么精神，园子发生了很大的变化。他又在筹备一个文化公司，建一个让艺术家们能谈谈、玩玩、交流聚会的场所。他听说我会搞点设计，就让我试试，出出点子，中间要有园林，有山石，有"金"有"根"。我设计了一个，并说：你的这些元素只能隐喻，不可太直白。不料他看了后，完全能接受，感到很满意，还说，他看到了园林的曲径、筒窗、小桥和山石，也看到了"G"和"J"。我对他们的工作人员说：园主如此能接受新的理念，我感到佩服！

星云法师漫画像

抗震漫画

2008年5月12日,四川省汶川县发生8.0级地震。地震发生后不到三个月,在全国人民的全力协助下,解决了上千万受灾群众的住房安置问题,全国各地纷纷响应国家号召,同灾区结成对子,针对实际情况,派人给物,不惜一切代价,在汶川的大地上留下了一幅幅共建情谊的画面。

2008年5月,由中宣部、中央外宣办、文化部、国家广电总局、新闻出版总署、解放军总政治部、中国文联、中国作协、中国记协共同发起,中央电视台承办,在中央电视台一套、三套、四套并机现场直播,各省(直辖市、自治区)卫视转播,为灾区募捐活动。活动进行过程中,央视专门开通热线电话和短信交流平台,与观众互动。这是建国以来,我国宣传文化界最大的一次募捐活动,筹集款项超过15亿元。上海的漫画家们也用自己的微薄之力,通过上海美术家协会和中国漫画艺术委员会捐款。当时,文汇报的第五版有《天呈漫画》专栏,我在专栏上创作了多幅抗震漫画。中央电视台的直播,将我们的部队战士的英勇行为和全国人民的抗震实况展现在视频上,让我们激动、感动、热泪盈眶;我在专栏上,也配合宣传,发表了多幅漫画。

要创作抗震漫画,既要配合主题宣传又要有漫画情节,是要好好构思的,在画《走出阴影》时,就当时的情景,有许多孩子失去了家庭,失去了亲人,沉浸在灾难的阴影中,救援人员积极地从心理干预上让他们走向光明。我将一个孩子的身影画成一个"灾"字,而救援人员积极地让他转向另一个方向,那就是我们的"家",是我们亲切温暖和蔼的大家庭,而这个"家"字的一点,是一颗红红的爱心,是全国人民团结一心的爱心,这才是我们抵御巨大的自然灾害的巨大力量。

火线入党

 四川省各级党组织认真做好抗震救灾第一线发展党员工作,截至6月3日,全省抗震救灾第一线共有5356人向党组织提出了入党申请,各级党组织已发展新党员1277人。

抗震漫画

 天呈漫画 走出阴影

——孩子，来，到这边来！

 天呈漫画 "大考"不及格

四川省加大组织处置力度，对抗震救灾中"不作为"干部及时处理调整。都江堰市原民政局副局长、蒲江镇原团结村党支部书记等7人反应迟缓，不积极履行职责，在群众中造成极坏影响，被就地免职。

 天呈漫画 想起当年八路军

想当年子弟兵掩护咱们反扫荡。
看今朝人民解放军和武警冒着生命危险，搜救了灾区每一个村庄，不惜一切代价转移和安置被困群众。

 天呈漫画 一片爱心

四川震灾发生后，通讯受阻。上海电信为市政府派出的救援队紧急提供多台海事卫星电话，通过卫星电话及时与地震灾区通话，为解救灾区兄弟出力。

抗震漫画

漫画《欢天喜地》

漫画《欢天喜地》
上了神舟七号

2008年，中国美术家协会和中国科普协会来约稿，要画一幅漫画，将随着我国的神舟七号飞船遨游太空。接到任务后，我很激动，立即进行了构思，在草稿上反复推敲，由于要带上飞船，我想，要轻一些，民族一些，就用水墨国画的形式来表达。当时，2008年夏季奥运会正准备在北京召开，奥林匹克圣火抵达北京。时任中共中央总书记、国家主席胡锦涛在仪式上亲手点燃圣火盆，并宣布北京2008年奥运会火炬接力开始，随后将火炬交与著名田径运动员刘翔。

神舟七号载人飞船是中国神舟号飞船系列之一，是中国第三个载人航天器，是中国首次进行出舱作业的飞船，掌握和突破了出舱活动相关技术。神舟七号上载有三名宇航员，分别为翟志刚（指令长）、刘伯明和景海鹏。翟志刚将出舱作业，刘伯明在轨道舱内协助，实现了中国历史上第一次的太空漫步，令中国成为能进行太空漫步的国家之一。我想，中国的宇航员将在太空将五星红旗展示，北京的奥运会上中国的运动员将夺取金牌，持五星红旗绕场庆贺，这是"天上人间"普天同庆的大喜事，我将这欢天喜地的场景，用漫画形式画在宣纸上。这幅作品上了神舟七号，后被中国宇航局收藏。

上海市民读本

2010年世界博览会将在上海举行，上海社会主义精神文明办公室准备出版一本市民读本。党的十七大报告提出要"加强社会公德、职业道德、家庭美德、个人品德建设"，从社会层面、组织层面、家庭层面和个体层面提出了相应的道德建设要求，丰富了社会主义道德建设的内涵，也是加强社会主义核心价值体系建设的必然要求。社会公德是全体公民在社会交往和公共生活中应该遵守的行为准则，涵盖了人与人、人与社会、人与自然之间的关系。职业道德是所有从业人员

上海市民读本漫画

在职业活动中应该遵循的行为准则,涵盖了从业人员与服务对象、职业与职工、职业与社会之间的关系。家庭美德是每个公民在家庭生活中应该遵循的行为准则,涵盖了夫妻、长幼、邻里之间的关系。个人品德,是指遵守社会道德规范而行动时所表现出来的一定、一贯的道德特点和倾向,是个人道德行为中表现出来的人格的自我完善。

为了要让市民有一个记得住的、通俗易懂的视觉形象,希望用漫画的形式来表达。我只用了三天时间就将读本的漫画画了出来,小册子印出来后,发放到社区,为迎接世博会的召开做准备。

城市发展,离不开精神文明建设的正确引导,犹如一个人在社会生存,不仅有物质需求,更需要有精神的支撑与社会的认可。"城市发展依靠人民,城市发展为了人民",随着经济生活的不断进步,人民群众的精神文化需求以及对城市发展进步的参与感、融入感要求越来越高。城市是人民群众的寄托所在,人民群众是城市的主体细胞,城市与人能否实现高度融合,决定着城市发展与人民群众幸福指数是否能同步双赢,城市精神文明建设的突破取决于"以人为本,以和为贵"理念的全面落实。

漫画将一些不文明现象和提倡的行为画成小构图,成为读本的视点,做成口袋书,让参加世博会的市民得到提醒,受到教育。

迎接世博会

2002年底,中国上海成功赢得了2010年世博会的主办资格,这将是世博会第一次在发展中国家举办。为此,上海漫画艺术委员会也准备了许多漫画作品和漫画招贴画。

世博会的口号是"城市,让生活更美好",要设计一批宣传招贴画,要求是比较高的。对世博会的主题"理解、沟通、欢聚、合作"进行构思,我画了四幅草稿,并几次到世博场馆去观看、写生、拍照,同时,认真学习《人民日报》的评论文章,几度修改,画出了四幅宣传招贴。

在构思"上海——欢迎你!"宣传画时,我想到了中国的神话故事——月中嫦娥。嫦娥在月中,世博会的吉祥物海宝来到了月亮上,它拿出了"世博会门票",盛邀嫦娥去参观——人间在这么盛大的欢聚,你也该与玉兔一起去看看呀,月色清朗,星星闪烁,

2010中国上海世博会——欢迎您!招贴画运用了神话穿越的手法,来到热情欢快的场景中,是很热切的。还有一幅宣传招贴,也是运用了漫画卡通形式,世博会的吉祥物海宝驾驶着飞机来到了上海,来到了世博会主题馆的上空,飞机上搭载了五大洲各种肤色的小朋友,他们在欢呼,在微笑,在招手,地面上的烟火在夜空中绽放,组成"EXPO"的字样,衬托出"更美的城市,更好的生活,更深的友谊"的宣传主题。世博会的漫画招贴画画得很多,但是,用出来的很少,做成产品的更少,只有作为世博会特许商品的纪念品还用了些。

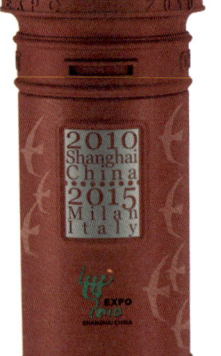

世博邮筒保温杯——世博会特许商品全球设计产品二等奖

为世博会创作的招贴画等

为世博会创作的宣传漫画、招贴画等

一只"备胎"

那是一幅关于保险的漫画。保险漫画很多,比喻却比较单调,有比喻为打伞的、救生圈的、新防弹衣的。我在一次开车中,碰到左后胎漏瘪,从后备箱里取出备胎,换上后,车子又可以行驶了,我想,这不就是"有备无患"的保险理念吗?于是我画了保险漫画《备胎》。

画面上是一辆急驶的汽车,后面一只汽车"备胎","备胎"上有"PICC"字样,整个画面简约与写实、动感与静态形成对冲,使视觉效果更好,将"天晴还需防天雨"的保险理念表达得更形象生动。这幅漫画获得了保险漫画比赛的一等奖。

漫画按照内容分有好些种类,新闻漫画、幽默漫画、体育漫画、科技漫画、股市漫画、国际漫画、连环漫画、肖像漫画、抒情漫画、哲理漫画等等,当然,还有保险漫画、环保

保险漫画《备胎》

漫画、战争漫画、扫黄漫画、禁毒漫画、禁赌漫画等等横向的主题漫画。尽管创作的目的不一样，但是途径是各不相同又是互为贯通的，音乐内容可以用到体育，文学比喻可以用到环保，互动是必然的、必须的，所以说，漫画的创作必然是文化底蕴的撞击和碰擦。

漫画创作之车在前进中必须也有一个"备胎"，那就是你的文化底蕴。

漫画《冰火二重天》

冰火二重天

高温酷暑，商场与办公楼开启了空调，可是，温度有的调得太低了，外面是36度，室内却是22度，于是，在里面办公的人员，有的穿起了毛衣，有的用了披肩，更有的穿上了羽绒服。一次我在单位里，居然听到有人要"防寒保暖"了，于是画了幅漫画。母女俩在隔窗对话，将"防暑降温"与"防寒保暖"，将赤日炎炎与清阴冰凉对比，使读者不禁哑然失笑。

故事情节的自然展开要依赖于矛盾，而矛盾就是人物与人物、理念与理念的冲突。漫画的构思要不落俗套，要别出心裁，就得靠漫画家构思的奇巧。"奇"是异常的和反常的，与别人往往不一样，异常、反常则少见多怪，看起来不合情、不合理，与常情常

理是矛盾的。所谓"出乎意料之外，合乎情理之中"就是矛盾的巧合，矛盾越大，同时又协调，就越新奇有趣，读者自然就会为你的巧妙拨动所逗笑、所打动，喜剧神经就抖动起来了。

这幅漫画运用了冷暖色的对比，一边是赤日炎炎的暖黄色，一边是冰冰凉凉的青蓝色，使冰火两重天更为凸显。

湘西旅游漫笔

2009年的秋天,我们一行去了湘西凤凰,我的侄女在湖南工作了四十年,她陪我们去了凤凰。没想到第一天就卡了,她为我们定的凤凰吊脚楼,地形很好,而且临江,可是那卫生间的马桶是蹲式的,淋浴就在马桶上面,那真叫"吊脚楼"了。大家都感到不行,只好退了房,到外面继续找房,而且先问了是不是座式马桶,然后入住。在游湘江的时候,船划过苗家对歌台的时候,苗家姑娘亮着嗓子与人对歌,我突然对着台上高唱了一句上海沪剧:"金丝鸟在哪里——鸣叫歌唱——,一声声,似对我,

湘西旅游漫笔

诉说哀伤——"苗家姑娘听着那优雅而陌生的曲调，对不上来了，我们都笑起来了，不料，那苗家姑娘突然模仿着回了句："金丝鸟在哪里——鸣叫歌唱——"我们都不禁为苗家姑娘的聪慧鼓起掌来。

我们的导游小杨是个当地人，在调动旅游日程中，由于没有协调好，我们一天的旅游门票踏空。面对要赔偿我们一行近千元的差价，小杨差点哭出来了，于是，我们就说，这个景点我们就不去了，但是，这一天我们到哪儿去呢？听小杨说，他的家住在并不远的山里，我们就去他家里采风看看。他同意了，就与家里打电话，说自己工作上疏忽了，现在，有一行上海客人来家里玩玩，要他们准备些山里菜。我们坐上车，开进山里，到快进村时，车路颠簸，摇摇晃晃到村口，开不进去了，正碰到小杨的父亲，他到村口买一把新筷子，说上海人爱干净，让我们用新的。我们步行在山路上，弯弯曲曲到了山屋里，小杨的妈妈笑容可掬地迎了出来，说了句让大家都哈哈大笑的话：只有在电视上看到过上海人，现在看到"活"的上海人了。

山里的空气真好，蓝天白云，微风拂拂，水是山涧流水，沿着破开的山竹涓涓流着到屋前，主人用这山泉水泡了野山茶，一股清香。柴火烧起了新米饭，割了腊肉，摘了新鲜蔬菜，又取了新鲜的猕猴桃，招待我们，我们吃得非常开心。山里人非常淳朴，还取出了山里的米酒，让我们品尝了一桌山里清香的野趣餐。临行告别时，我们取出了几百元，交给老杨，他们说什么也不肯收，说儿子工作没有做好，已经让我们受累了，不可再收我们餐费。我们说，这是给你们在读书的女儿的，让她好好读书，走出大山。说到这儿，老杨才收下了。

回到上海，我画了一组漫画。发表后，有位读者告诉我，你的画中，有一幅画错了。我画了在天门洞时，我们年龄大了，爬不动了，一行小青年精神抖擞，一口气跑上了顶，990级台阶相当于四五十层楼面，跑到顶上很开心，大招手，可是，下来时两腿哆嗦，走不了了。旅游团的领队在山下打电话招呼开车了，没有办法，他们只能坐滑竿挑下山了。但是，我是想当然地画了，其实，下山的滑竿，坐的人是反坐的，靠背向下，否则人容易翻倒出来。看来，画漫画也要细细观察，才不会"出洋相"。

苗寨采风

去贵州采风

2010年，文新集团一行到贵州采风"苗年节"。苗乡的男婚女嫁，一般都选在过苗年的时间。一些老年男女也纷纷挑着酒、肉、糯米粑等等走亲访友，或者在家忙于接待来宾；一些年轻男女或在各自的村子里吹笙跳舞，或跳铜鼓舞、斗牛，或者小伙子去别的村子游方场"游方"，男女相互对歌，倾吐爱慕之情。这是苗族民间最隆重的节日。作为一个漫画作者，能够有机会看到这民族特色的情趣，我立刻记录了几多漫画日志，画了下来。

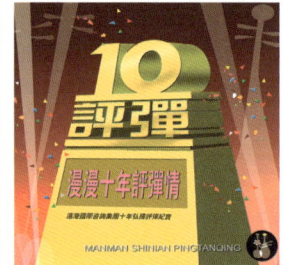

我为评弹设计的作品

评弹盘片

　　我从小就喜欢听评弹，无线电里的吴侬软语，叮吟咚隆，实在是有趣有味有腔有调。先是听评话，三国、水浒、岳传、杨家将，后来听得懂弹词词曲了，又喜欢上弹唱的"小书"，无线电里听长篇，有空就去书场里听折子，对说书先生的说噱弹唱，如痴如醉，尤其是对里面的"出噱"更是"情有独钟"。应该说，评弹与漫画是十分相近相通的，是评弹给了我漫画基因。

　　在评弹中我听到了许多历史故事、人文情趣、比喻典故，从中我学到什么是铺垫、种根、亮相，这对于我以后的漫画创作是很有帮助的。随着科技的发展，评弹节目从通过电台、电视传播，发展到唱片、磁带、碟片，可以随时听、随时看，弹词的"卖关子"似乎已经没有用了。

　　2004年，我结识了上海城市管理学院的王其康校长，他高高的个子，也是一个热心评弹事业的评弹爱好者。他组织了几多评弹演出，还组织编写新的评弹折子，总结评弹艺术心得，他经常要求我为评弹演出设计碟片、场景布置、广告标志等。王其康校长不仅支持评弹的演出，总结抢救评弹的老书目，还想让更多的青年演员、年轻观众喜爱评弹、喜爱曲艺。为此，他特意将评弹《王大奎拾鸡蛋》做成漫画造型、做成动画，还将滑稽大师姚慕双和周柏春的《宁波音乐家》做成动漫在电视台播放，尽管作品是他们学校动画班的同学制作的，但那些人物造型及弄堂裁缝店的道具设计，都由我来完成。

在设计的过程中，我又学习了许多广告装帧方面的知识及电脑美术的知识，其实，这些都是可以运用到漫画的构思及制作上，因此，漫画家，顶好杂些再杂些！

评弹为我们结缘，我也通过学术讨论，认识了许多评弹界的艺术家，也结识了许多热爱评弹的票友和朋友。在设计评弹的碟片、卡片及说明书时，有许多地方是运用了漫画手法的：琵琶和三弦的拟人化，清韵漂流的弦索漂流，评弹演员的卡通设计等。

漫画创作的构思重要的一环是生动的比喻，评弹的陈述中重要的一环是"说书容易种根难"，"种根"也就是铺垫，为"抖包袱"作准备。评弹中的俚语、俏皮话、歇后语，也为漫画的构思带来灵感。评弹和漫画可以结合得非常有机、有趣、生动。

华老去世

2010年6月13日上午9时，华君武先生因心脏衰竭在北京逝世，享年95岁。华君武的漫画浓缩了中国近百年的变迁历程，他的离去，使我们失去了一颗时代的良心。家人按照他的遗愿将245幅漫画作品捐给上海

在华老墓地前与他的大儿子华端端捧着华老遗像。可惜，端端不久也离世了

美术馆。

对于《文汇报》，华君武是老朋友。在1985年5月至1989年8月期间，华君武应约在《文汇报》上连载了他的系列漫画"疑难杂症"，共58幅，几乎每月一幅，其独特的视角、深刻的观察和犀利的讽刺手法，赢得了读者的一致好评。1999年，《文汇报》针对当时的社会热点策划了一整版漫画，当时时间很紧，我与华老约好稿，他仅用了一天时间，就把画稿传真过来了，这幅名为《哈哈镜里老鼠精》的漫画获得了2000年中国新闻一等奖。

华君武先生的骨灰安放仪式在北京西郊的万佛园举行。万佛园是已故著名画家吴作人、罗工柳、艾中信等人的长眠之处。当年谈到自己的这处归宿，华君武先生曾用他一贯的开朗幽默，笑称"这里是我们的'地下'美协"。6月29日，百余位文艺界人士聚集在中国文联，共同追思这位新中国美术事业

的奠基人之一、著名漫画家和社会活动家。我们为华君武先生送行，回想上世纪90年代初休闲文化开始兴起时，有人提出漫画要走搞笑、娱乐的路子，华老马上以敏锐的眼光提出：漫画的功能主要是讽刺，不能丧失掉。华君武类似的话，中央美院教授侯一民也听到过多次："现在的漫画净是搞笑的，讽刺与批评越来越少了，对这种现状，我非常担心。"华君武先生是有思想的漫画家、美术家，他的作品虽只寥寥数笔，却饱含着丰满的思想，人生况味在其笔端流淌，每幅都是具有独特艺术性、真正有魅力的作品，给中华民族留下了一笔宝贵的精神财富。

回到上海，我一直挂念我的恩师、导师华君武先生。华老一生的追求，时时激励着我，他的"烈女不嫁二夫"（始终专心于漫画事业）的精神，永远鞭策着我。原先，我还可以带了画去北京请教，请他和前辈提意见；现在，我老在想，我现在的画，如果华老在、丁老在、英韬在，江帆在，我拿出来，能对得起他们的教诲吗？能通得过吗？

我就把对华老的追忆，在上海图书馆做了一个讲座"漫画一生，一生漫画"，听众很踊跃。

画国家对比漫画

世界文化战略专家，上海德村文化研究所所长、研究员曹世潮先生，在一次聚会时与我商榷，他准备搞一组国家对比的图，国家的对比性强、有特点，先试三组：日本与英国，印度与德国，埃及与美国。每组约二百幅，一共有六百多幅。原有的文字非常概括、精炼、抽象，我要通过图像的表达，使文字的内容有新的感官记忆，对所述国家的民族个性有新的诠释。

图是黑白的，分成两个部分，多是运用漫画手法来进行构思。构思的角度是从生活切入的，这确实是要费一些功夫深掘的。有一段文字说，"日本变革大多由国外因素推动，英国变革大多由国内因素推动"。这么两句画要变成图片，变成视觉形象，就要开动漫画构思了。我画了一条日本的帆船，借助风的力量，帆船行驶着，船头上写着日文"变革"，一个日本人站立在船头，拿着测风仪在记录

在万佛园，为华君武先生和夫人宋琦女士的墓地培土

国家对比漫画

国家对比漫画

风力的大小;而下半部分,同样是一条船,却是一条英国船,它的行驶没有依靠外部风力,而是依靠几十个划着长长的船桨的水手,他们齐心协力让船只飞速前行,船头上用英文写着"变革"字样。

另一则,文字是"日本人习惯于向他国学习,英国人习惯于被他国学习"。要把这个变成图画,要静静地构思,仔细想象。我构思了一个穿着和服的日本人,他在用"自助餐",拿了他的盘子,在拿取他所需要的"食品",有美国的"汽车蛋糕"、加拿大的"冰镇点心"、瑞士的"牛奶"、法国的"甜点",他习惯学习,习惯汲取;而另一位是秀美的英国女郎,她身材美丽、衣着得体,是个"模特儿",四周多是竖立的画架和颜料,她,习惯被人们欣赏,被人学习。

另一则是:印度人软件设计制作是世界一流的,德国人的软件设计制作不如人意,印度人的机械制造水平不如人意,德国人则是世界一流。在构思这个图画的过程中,我运用了印度人喜欢的大象,用这个庞然大物来说明它的大,一个印度人在摸大象的圆肚子,大象的身上用印度文写着"软件";而另一部分的画面上是一个展翅欲飞的仙鹤,一个德国工程师正在"调教"它,仔细一看,那是一只用机械零件制作成的仙鹤,可见,德国人的机械制造达到了什么样的水平。

插图有六百多幅,工程浩大,主办方见我太吃力了,就开玩笑与我说,想请一百个美术院校的学生来帮忙。其实,从构思的角度来看,也许还真是帮不上忙。后来,他们说,帮忙找点资料还行,要构思漫画点子来"解释"这么简约的文字,光有人多是不行的,这太难。

天晴还需防天雨

有段时间,高楼的玻璃幕墙常有爆碎,玻璃渣往下掉了伤人,由于热胀冷缩,上海

天晴还需防天雨

 10天内上海连下三场玻璃雨引发关注。市委市政府部署全面排查隐患,要求杜绝检查走过场,防止再发生高楼玻璃幕墙爆裂坠落事故。

漫画《天晴还需防天雨》

十天里下了三场"玻璃雨",弄得大家心里慌慌的。于是,画了一幅《天晴还需防天雨》,老人小孩撑的不是伞,而是顶着塑料盆,防止碎玻璃粒子。看着那滑稽可笑的场景,读者笑了,也引起了有关部门的重视,研究改进措施。《新民晚报》等刊物也马上转载了这幅漫画。

漫画的细节是老伯拿着收音机在听"天气预报",而反转的是——播出的预报是"局部地区……有时有……玻璃雨",这就更加强了矛盾冲突,产生趣味。因为下的是"玻璃雨",所以就从雨上铺展开来,大白天的下雨了,下雨要打伞,而打伞又防不了这"玻璃雨",于是,要戴安全帽,而老人小孩哪来安全帽,就让他们顶了面盆浴盆,笑点就被拨动了。

漫画的题目是作品的重要组成部分,要细加推敲。这幅作品的题目为"天晴还需防天雨",既可以联系到漫画的主题,与"雨"字结合,增加喜剧成分,同时,也是提醒有关部门,"天晴还需防天雨"——在太平安全的日子里,还是要时刻当心"下雨"的时刻,防止事故发生。我们有的漫画作者在起题目时,不肯多下气力,深入思考,往往用"无题"作为题目;"无题"作为题目也是可以的,但要考虑的是对作品的贴切、对主题的辅衬。

对付白骨精,就打110

电讯诈骗猖獗,不少人上当受骗,为此,上海有几个单位联合办了个用漫画来宣传"防止电讯诈骗"的比赛,大奖是免费出境游。来稿很多,也很精彩。我也画了幅漫画投了稿。漫画以大家熟悉的孙悟空三打白骨精为底本,诈骗犯就像那白骨精,一会儿变成工商人员,一会儿变成电力工作人员,一会儿又变成法院成员,希望大家不要上那善于变幻的白骨精的当。

隔了几个星期的一个下午,我接到了组委会的一个电话,一个小青年对我说,你的稿件我们收到了,感到很好,但是,我们想提点修改意见,请你改一下。我马上说,应该,应该!我是要听取意见,不断完善。他说,我们的意见是,将"她变来变去就是想吃你的肉"改为"她变来变去就是要你的钱"。我想,要吃"唐僧肉"的故事是大家都知道的,吃唐僧肉就是要你的钱,要你的命!我又问,那还有的意见呢?他说,请将"白骨精"改为一个"诈骗分子"。我一想,笑笑说,请问,这个"诈骗分子"是男还是女呢,是老者还是年轻的呢?这"白骨精"也改了,这主题也改了,这家喻户晓的故事也不见了。于是,我客气地对他说,对不起,你对漫画语言的理解和我还有差异,也有距离,对于你的意见,

漫画《遇到白骨精，就打110》

我就不接受了，稿件不改。对方对我的态度很惊讶，怎么有个看来能拿奖的稿件，放弃了？

由于没有改动，自然也就落选了，更谈不上得奖了。后来，这幅漫画在人民日报《讽刺与幽默》上刊载。我参加过多次的漫画评选活动，评委的水平也是参差不齐，有的时候，也会犯这样那样的错误。有一次，中国新闻漫画年评审时，评了一幅漫画《圆月》，说中国加入了WTO后，月缺的部分就补上了，月圆了。评定时，这幅作品作为优秀作品送去参加中国新闻奖的评定，在评定中，高评委指出，中国加入了WTO组织怎么就是"月圆了"呢，还有好多没有加入的，俄罗斯也没有加入呀。这张漫画马上就下了。另外，评委的知识面也有局限的，了解机械车床的不一定会外科手术，懂得音乐乐器的不一定会国画书法，但是，评审漫画作品，就一定要懂得漫画语言，了解漫画手法，还要广泛了解中外漫画的作品，防止雷同与抄袭。

我曾经有个建议，请漫画专家给一些评委、编辑讲讲漫画的构成，给他们看漫画、讲漫画，让他们知道漫画的要素，弄懂什么是好漫画、精品漫画。原上海卢湾区法制办，为了宣传法制知识，搞了漫画形式的宣传比赛。他们先普及，后创作，又请专家指导，还搞了为漫画起题目的比赛。这样，大家的艺术水平提高了，眼光也高起来了。

95岁的老王伯伯

王海曙先生是原邮电电话局的职工，喜欢旅游，邮电休养所成立后，他就专职搞旅游项目，由于工作认真负责，跑上跑下，练出一身好身板，天天操着浓浓宁波口音的普通话，风风火火地联系上联系下。退休后，他考了导游证，1923年出生的他，到老年旅游团里任职，又天南地北地干上了他喜欢的导游。

由于他为人善和又热情好客，大家都叫他王伯伯。长期的奔波，登山涉水，坚持每天五千米的跑步，使他的身体很是硬朗。我们与他一起出去旅游爬山，他还搀扶几位气喘吁吁的姑娘登上石阶。一次去柬埔寨，进关时，入境官员一看他的护照，90多岁，简直不可信，再看看他的身板，不禁竖起了大拇指。92岁时，他到武当山去旅游，身轻如燕，不用拐杖跳上跳下，一群台湾游客笑称这位老先生有七十岁了吧，王伯伯说有92岁了，他们怎么也不相信，王伯伯就拿出身份证给他们看，把他们弄得惊叫连连。

王伯伯的心态特别好，子孙满堂，他常常笑面相对，陪他们嬉笑玩耍。王伯伯能背些唐诗，能讲几段笑话，还会说些英文、日文。一次他对我说，他看到我画的肖像漫画，很想让我给他也画一张。我立刻答应了，给老当益壮的老寿星画了,他看了以后非常满意。90多岁的他还玩平板电脑,他把肖像存在里面,旅游时还带着,常常拿出来让人看:那是天呈给我画的,灵光伐?他还是那么硬朗,穿着运动鞋,带着导游证,斜背着挎包,问大家:下个月到什么什么地方去吗?

我问王伯伯,侬哪能身体介好,啥个原因?他说,主要是开心、快活!笑笑就是最好的药方,多看漫画,多笑笑;心情开朗,不计较,钞票看得很淡。

今年,他已经95岁了,还在四处云游。愿王伯伯永远健康长寿!

为王伯伯创作的漫画像

悼念英韬

2012年的一天,刚收到英韬老师的作品新集《笔走60年》,封面上一头写意的猫头鹰,深沉又持重,尖尖的鼻子是犀利的画笔。看来,英老是很喜欢这个形象的,我怎么看,都有点像他,他那刚正不阿的气韵就像那驱邪扶正的鹰。

我与他北京的住所打了电话,想谢谢他的赠书,不料他家的阿姨说,英韬老师住院了。我急忙拨了他的手机,接电话的是师母,说他现在接电话不方便,我安慰了几句就挂了。不料两天后的上午,接到徐鹏飞先生的电话,说英老前一天傍晚去世。我呆呆地叹息,我们,又失去了一位漫画大师,唉——

我记得,孩提时代,是看了英韬老师和其他一些老漫画家的作品而喜欢漫画的;我记得,1982年7月在青岛聆听了英韬老师的讲话而醍醐灌顶追求漫画的真谛;我记得,1984年第六届全国美术作品展览评委小组上,倾听英韬老师对参展作品的细细剖析而得益;我记得,1986年在深圳一起接待印度漫画家莱克斯曼时,他那热情洒脱的身影;我记得,多年来那一张张稿笺上英韬老师对我的投稿的悉心指点;我记得,2008年3月,我到北京征求建立上海漫画博物馆意见时,他的诤诤之言;我记得,2010年,他到上海我家里来，85岁的他精神矍铄，完全没有把自己身上的病情看作负担，却对上海的诸多漫画家关爱询问……现在，英韬老师却离我们而去，怎不叫人伤心、惋惜、悲痛！

2008年3月，在征求建立上海漫画博物馆座谈时，他很高兴地说：难得我们有这么个好机会，给中国漫画立个碑，应该支持；立足在上海是应该的，是理所当然的，漫画的大发展在上海，其他地方不必抢，抢也抢不去！要抢的是资料，漫画界好多人走了，王大壮拍的中国漫画资料里多少人走了，不做这"抢救"的工作，就要断了。当然，这需要钱，但这钱花得是完全值的。他还建议，上海漫画博物馆要建立一个艺术委员会，可以由这个机构来把关展品的取舍，不是出钱的单位说了算，要有严格的艺术把关，要有原则，否则，这漫画博物馆要滥，要烂。

他的原则性强，但不古板，许多地方还很前卫，有时代感。他较早用照相机收集资料，用摄像机获取场景，用幻灯机整理素材。他办事细心而有条理，在安排画面中的人物衣着和各种道具时，都悉心推敲。江帆老师曾说，英韬先生家里的墙上哪怕是一颗钉，它的大小、位置，都是有道理的，绝不会瞎摆的。那次谈起建立上海漫画博物馆，他说，上世纪80年代，丁汀给我寄了在福建建立"漫画城"的方案，我看了感到也"太离谱"了，丁汀要在"漫画城"里建张乐平街、丁聪街，街里有"三毛坊"等，现在看来真是超前，厉害！他很愿意接受新的想法、新的事物。他看了中国电影博物馆，感到太好了，大气，有时代感，有冲击力，与观众有互动。

他嫉恶如仇，却又柔情似水。他到河北邱县，鼓励农民创作漫画，成立了"青蛙"漫画组，他与农民一起生活，画漫画。2001年，他又把自己的漫画展放到了邱县。1993年，《讽刺与幽默》的年会在湖北安陆举办，我们发觉英韬老师与这个地方的作者、地方的领导非常熟悉，一问，原来他早在几年前就来过，还住进了安陆棉纺厂的招待所，与安陆的漫画作者探讨创作，培养了好几个漫画家，有的还在国际上得了奖项。安徽作者白善诚，是上个世纪80年代创作业绩卓著的一位青年漫画家，可惜在1990年参加一次漫画笔会时，遇车祸英年早逝。英韬老师十分惋惜，他不顾高龄多次跑外地，帮他处理后事，还与何韦老师一起主编了《白善诚漫画集》，他惜才啊。

我一直记得英老三十年前对我们讲的一段话：漫画的功能一是观赏，一是宣传，宣传是主要的；画漫画的人是要有点火气的，要勇气和严肃，当然也要幽默和活泼，要有敏锐的政治头脑和深刻的艺术手法，那才是有勇有谋啊。

《新民晚报》评论版漫画

2012年的4月里，新民晚报评论部准备在《新民晚报》的评论版上刊登评论漫画，他们约我每周画一幅。我认为非常好，立即就答应了。专栏在固定的版面，固定的位置，由几个漫画家轮流"上台演出"，题材自己找，构思自己想，绘画自己做，确实有较大的施展空间。

大幕拉开后，果然是五彩缤纷，几位漫画家各有特点风采，重点也各有倾斜，或中或西，或简或繁，有的重唱功，有的重武打，煞是好看。凭借互联网，有的作者远在国外也能传来稿件，按时到场"演出"。这个专栏上的漫画，在好些地方被转载，其中有的漫画还获得了中国新闻奖。

评论漫画《掀开一看》

评论版上的漫画是漫画界的一朵奇葩，只是现在这样的舞台还不多，演出的场次还太少，很希望全国有更多这样的专栏，有更多的漫画家能"上台演出"。

我很珍惜这个舞台，它的受众面广，又是在评论版上，漫画与评论是很密切的，有时，一幅漫画本身就是一个尖锐的评论文章。我在这个版面上发表过一幅《拆烂污》，讽刺一个干部，将污水深压排入地下千米，这种行为真是在糟蹋我们的子孙啊，他大笔一挥，红章一盖，却是将一泡烂污拉在我们的"子孙碗"里啊，这些污染的土地几百年也缓不过来呀！这幅作品也参加了上海第七届美术

评论漫画《拆烂污》

——这衣服就是我偷的,咋啦！　　天呈

河南女孩王娜娜2003年被人冒名上了大学,冒名顶替者12年后被浮出,当上教师的她气焰根其张狂,以致其以大无畏的气概声音,你就是"折腾到联合国我们也不怕"！请问,那个"我们"是哪些人？

评论漫画

大展,著名漫画前辈徐昌酩先生看了漫画后,打电话给我,说,这幅漫画好,这种贻害子孙的行为是该好好讽刺批评。军旅漫画家郑化改在图书馆里看到册子上的这幅漫画,立即用手机拍了下来,传给我,说,这是真正运用漫画真谛的作品。后来,我把原图传给他,他说,太好了,原来没有看到过,看来还得多交流。

《新民晚报》评论版上后期用的漫画全用了彩色,这使漫画作者有了更大的施展绘画技能的空间,能更好地运用灰调子,更好地对主题进行刻画。我在这个版面上,尝试过运用招贴、版画、剪纸、浮雕等多种艺术手段,很是有劲。漫画《掀开一看》,一个农民用镰刀一划,贫困县报告后面的吃喝铺张尽露眼底,彩色版将黑白与彩色的对比、隐隐的公章、公文报告的漏光字影都恰如其分地展现出来,起到了较好的艺术效果。

漫画作者是十分看重他的作品的艺术效果的,他反复推敲、尽心比较,几次释放,将其彩色画稿交付编辑部,希望媒体能将他的这番苦心传递给读者,传递给观众。可是,到拿到报纸一看,彩色变成了黑白,灰调成了水洗,阴暗成了墨涂,其心情就像自己的孩子被人糟蹋了一样难受,还无处叫屈。好

神鸡妙算　　天呈

中国的"神威·太湖之光"夺取了世界上速度最快的超级计算机500强榜单的桂冠,2017年我国报研发百亿亿级超级计算机。

评论漫画

在《新民晚报》评论版后期都是彩色版，而且编辑懂美术，与电脑制版沟通也好，几乎都能还原原作的设想，这是很高兴的事情。同样一个报社，另一个版面，它就非要将你的作品"水洗"，面孔调得"雪白"，淡之"高雅"，弄得你哭笑不得。看来，光有好的食材、好的调料也不行，烧灶的乱来，也砸！

可惜，现在这个评论版最近撤了，连黑白漫画也没了。

贾三包子

2011年9月，我们一行到陕西略阳去游玩，回来的时候，山洪暴发，我们只能取道到西安，再从西安搭飞机回上海。到了西安，同行中有一人，要坐火车立即回沪，又买不到票，只能惊动西安的漫画家朋友了。

老漫画家李乃良先生亲自与漫画协会领导宋黎明去买了火车票，送到我们下榻的宾馆，让我们非常感动。晚上，著名漫画家王培琪还设宴接待了我们一行，让我们尝尝西北的特色菜肴，我又吃到了极有特色的牛羊泡馍，这让我想起了1984年我到西安的情景：当时，我受到陕西著名漫画家林积令的热情接待，也品尝了牛羊泡馍，只是随着时间的推移，现在的泡馍精细多了。席中，谈到了

为贾三包子创作的漫画

西北的特色佳肴，也谈到了贾三包子，说有一位叫贾三的专做包子的企业家，十分喜爱漫画，为陕西的漫画做了好多事情。

第二天，我们一行中大多去浏览西安的景色，我被西安的漫画同仁拉去一同交流漫画创作心得，大家互相谈心，把作品放在大屏幕上讲构图谈主题，煞是开心。

晚上，我与同行一些人逛西安夜景，在大

街上,居然看到了"贾三包子",于是就走了进去,只见里面果然挂了许多著名漫画家的贺画,华君武、方成等都有作品。店里的生意很火,坐得满满的,一名服务员递过来一张点菜单,菜单上面也有漫画。这时,我们中有一人多嘴了,对那服务员说,这是上海的漫画家,那服务员马上去向经理汇报。不一会儿,经理来了,把我们请到楼上,介绍了他们店的特色佳肴,还针对我们上海人的口味,给我们上了酸梅汤,确实很好吃。他们希望,我也能为他们留幅漫画。我一看,那多是华君武、方成等漫画大家的作品,我怎么能画。店经理说,我们店的老板就是喜欢漫画,他不仅与华老是朋友,而且还喜欢结识四方的漫画家,这里不仅有北京漫画家的墨宝,还有天津的、广东的、山西的,当然更有陕西的漫画家的题字题画,还就是没有上海漫画家的呢。我再一问,他们老板不仅是喜欢漫画,而且对陕西的漫画活动非常支持,活动、出书、展览都出力,因为那天他没有在西安,所以没有来见我们。我想,对于这么一个热心支持漫画的企业家,我是应该感激和支持的,于是我就用他们准备的笔墨纸砚画了一幅漫画:西安贾三包子吃了还要加三。

真希望有更多的人喜欢漫画,真希望有更多的企业家支持漫画。当然,也希望有更多的漫画家拿出更好的漫画作品来,像贾三包子一样,店堂里坐得满满的,还要在门口等位。

钓鱼岛是中国的

日本右翼总是不安心,一直想弄点风浪来篡改历史。2012年4月16日日本右翼分子、东京都知事、自民党人石原慎太郎在华盛顿演说时口出狂言:东京都将购买钓鱼岛。引起了我国人民的极大愤慨,纷纷表示,要

坚决反击！企业家胡建勇先生立即与我联系，要出一套《钓鱼岛是中国的》漫画电话卡，我立刻说，好！仅用三天时间，就画好了这套漫画，尽管后来没有出电话卡，但是，许多报刊刊登了这些作品，它向世界表明：钓鱼岛是中国的！

漫画《钓鱼岛是中国的！》

"布袋和尚"漫画

上海一路发文化传播公司与中国电信公司合作出了一组"布袋和尚"电话卡，采用了我设计的漫画造型，一共12幅。造型完成后，感到很满意，就做了12幅银卡，包装很讲究，做了三层盒子，一层四枚，开价6790元，竟然在电视台的东方CJ上销售一空。其中，布袋和尚看着布袋上那两个蚂蚁在打架的一幅最受青睐，于是，中国电信又做了一组"快乐心经"，由四枚银质卡与一枚金质卡组成，盒子上、金卡上、银卡上，都用了这幅漫画，做了七千套，给老干部送去许多，据说，反响很好。放下布袋，看看蚂蚁打架，乐乐呵呵，

"布袋和尚"做在了酒瓶上

"布袋和尚"漫画

何乐不为。看来，漫画也真为生活带来了欢乐。

安详是心灵的养分，没有比它更美好的感受了。当你拥有安详时，心中舒坦、快乐、自在。在这种状态下，几乎没有压力，没有烦恼，没有欲望，没有苦乐，无拘无束。生命与安详为伴，没有争论辩驳，没有尔虞我诈。快乐的心态可以让你清醒地认知人生的痛苦，快乐的心态可以让你点燃成功的勇气。安详是一块智慧的生命美玉。它与宽容结伴，同宁静慈悲为伍，以成熟丰富为内涵。布袋和尚让我们放下包袱，让我们心胸豁达。

作为画稿作者，主办方应该赠送我一套"快乐心经"卡，可是，没有。大约价值太高，要近万元了，哎呀，我还是没有放下，心存金银，包袱沉沉，快些丢了，轻松吸氧。

安详是禅。

美国旅游漫笔

2012年，我和夫人到美国去旅游，儿子从加拿大到芝加哥与我们会合，不想在进关的时候就碰到审核官，听说我是个漫画家，就拿出一张纸来，把一支笔一放，意思要我画一下。我将他的笔挪了下，从我的小挎包里取出油性笔，画什么呢，就画他吧，一下就造了他的肖像，旁边的人笑了，他也笑了，是真货，允许入境！

在美国，我们从芝加哥到纽约，又到洛杉矶，再回到华盛顿、纽约，一路上看了不少，听了不少，记了不少。尤其是看到美国的电视中，有漫画家与观众在一起做的节目，讲他们的作品，讲他们的构思过程，有观众发问、交流，笑声不断，掌声不断，非常融洽。我想，我们的电视台能不能也搞这样的节目呢，既普及了漫画，也娱乐了读者，也展示了漫画家的功力，又让观众体味到漫画家的辛苦。

在国外，确实感到语言的重要性，我的英语很差，交流上就碰到困难了。但是，现在在国外的中国人多了，上海人也到处都是，加上我们国家的强大富庶，使我们经常能在国外看到中文标识，尤其在唐城，好像就在国内一样。我的漫画中有不少是语言交流方面的，随着科技的发展，同步的翻译工具的问世，这个话题也许入不了漫画了。

这组漫笔是我第一次到美国后画的，发表在《新民晚报》上。之后我多次去美国和加拿大，却没有再画出新的漫笔。以前在纽约看到"老正兴"饭店感到好有意思，入画，后来我与几位朋友，几次走过"老正兴"，好像就是应该在这儿有个华人饭店的。漫画也好，创作也好，它有个新鲜感、生动感，熟视无睹，就见怪不怪了，而漫画就是要这敏锐度，要抓住这"一刹那"，要把那新鲜活脱的点滴记取下来，才能感染读者，成为端上餐桌的"佳肴"。

美国游漫笔

天呈

金秋十月,去美国旅游,得漫笔游记数篇,择选几许,以飨读者。

▲ 没有声音的当当车
在旧金山见到了我小时候坐过的有轨电车——当当车,也许为了环保,我没有听到它那特有的当当声。

▲ 街头艺术
美国的街头艺术家到处都有,弹吉他的、吹排箫的、画像的、雕塑的、喷绘的,还有活体雕塑的等等,目不暇接。

▲ 考考我
入关时,审核官见听说我是漫画家,就把一张纸推在我面前,我拿出自己的笔,仅用了三十秒钟就画了他的肖像,他笑了,旁边的人也笑了。是真货!允许入境。

▲ 异国乡音
友人约我在纽约皇后区法拉盛用午茶。看着满街的中文招牌,听着亲切的上海话广东话,吃着正宗的港式茶点,我似乎忘了正在异国他乡。

▲ 在美国的国货
在美国的商场里,货物琳琅满目,许多是我们国内没有看到的,一看标牌,多是 Made in China (中国造)。

▲ 自行车坐巴士
拉斯维加斯的旅游巴士车前有个管子架,只见一个骑自行车的男青年将车在架子上一放,跳上巴士就乘车而去。

▼ 好客的美国人
在洛杉矶的一家卖工艺品的小店里,一对老夫妇接待了我们,他们仔细地包装好我们选购的工艺品,还讲了句中文:欢迎。我说:Welcome to China!(欢迎去中国)。他们笑了,说 Thank You!(谢谢!)

▲ 严格安检
美国的安检很严,进机场、博物馆、图书馆等都要安检,常常要拉裤带、脱鞋子,有时要高举双手透检,如果你的裤腰太宽松,又要提裤又要举手那就惨了。

"内部装修"

上海的《浦东时报》与上海漫画艺术委员会结为朋友,一个为漫画家提供了舞台,一个为报刊提供了作品。《浦东时报》每周定期刊登漫画专版,深受读者欢迎,而上海的漫画家也几多在报社集聚交流,商讨创作。

我创作了漫画《内部装修》,刊于《浦东时报》2012年11月29日A3版。该作品表现的是少数干部为了个人升迁和一己私利,打着"工作需要"等幌子,在档案里的"三龄两历"(即年龄、工工龄、党龄、学历、工作经历)上动起了手脚。作品画面生动,比喻恰当,所产生的戏剧效果对漫画所反映的主题进行了很好的诠释,所选取的新闻漫画属于叙事图像,显

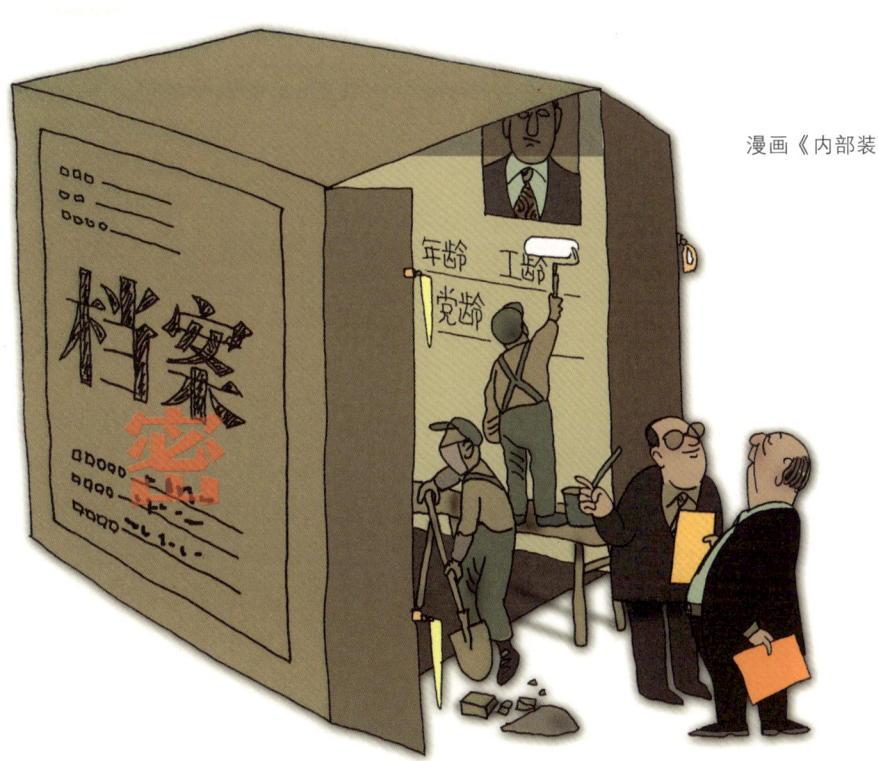

漫画《内部装修》

"内部装修"(获第二十三届中国新闻奖一等奖)

为了个人升迁和一己私利,少数干部打着"工作需要"等幌子,在档案里的"三龄两历"(即年龄、工龄、党龄;学历、工作经历)上动起了手脚。

示了发展中的行动或事件。画面中共有四个人，两个工人模样，两个干部模样，还有一个放大了的档案袋。漫画左侧，两个工人正在对档案进行"装修"，其中一个手拿滚筒，手臂向上，刷着档案壁上的"三龄"——年龄、工龄、党龄。漫画画面中一个干部目光向上，仰头看向漫画中最右侧的干部，而那干部大腹便便，并没有直视他面前的干部，而是更大角度仰头。画中可以看到，两名工人正在对档案进行"装修"，而修改过的档案中，照片上的干部"年轻"了。那庄严的档案盒子上，印有一个红红的"密"字，正是对这些涂改档案，人工"年轻"的干部的嘲笑和讽刺。

2013年10月25日，由中华全国新闻工作者协会主办的第二十三届中国新闻奖评选结果揭晓。浦东时报社选送的新闻漫画《内部装修》获一等奖，这也是上海纸质媒体在本届评选中获得的唯一一个一等奖。

将军的奥秘

天津市和平区图书馆举办第三届全国"读书"漫画大赛，邀请我送幅作品，我画了幅《将军的奥秘》。

画面上有一个将军的画像，将军胸前挂满了各种奖章，尤其是那一排排彩色的勋表

漫画《将军的奥秘》

更是显眼。世界上大多数国家的军队都有完整的勋表制度，勋表为统一规模的长方形板条，通常包括级别略章、年度略章、立功略章和服役略章四部分内容。级别略章表示军人所处的职位和级别，年度略章反映军人的服役年限，立功略章反映军人服役期间所立军功的等级和次数，服役略章表明军人所服役的军兵种和受训情况。勋表是勋章、奖章、徽章和资历章的综合表征。而有一个"研究将军的人"，正在翻看他的勋表，原来这勋表是一摞摞图书。整个作品带有夸张的幽默

感,表达了要成为功著赫赫的将军,就应该学习、读书,不断汲取。

幽默漫画的境界是在乐趣中阐述哲理,让人笑声中得到启迪,可谓寓教于乐。

读书漫画大赛是天津多年来坚持举办的漫画创作活动,作者广泛,作品优秀。近年来,作品中更多了关于电子阅读的内容,在全国漫坛的影响力越来越大。

玩玩水墨漫画

退休后,除了画漫画,空余时间想玩玩水墨。我没有弄过水墨,知道这里面学问很深,赤了脚试试水,还是不敢。一天,漫画家毛小榆弄来了十二本册页,说发起一个轮回,请十二个画家,每人画一面,画十二册,到最后每人各取一本。哇,这是逼上梁山了,虽然没有时间限定,但你不画,就搁定在你手里了。于是,我也去弄来笔墨宣纸、在纸上先练起来,撕了画,画了撕,弄了几天,上了,大了胆子,在一本册页上先画了上去,心里想,画坏了,大不了这本册页给我。一本、二本、三本,老是画一个画面,一个题材,有点"熟"了,用笔也顺畅流动了,看看也蛮有味道,红红的印章盖了上去,这"作业"我交了。

水墨画作品

水墨画作品

玩上水墨了，弄来毛毡摊上画桌，我开始琢磨怎么弄出新的韵味来，从构图上、布局上、人物上、肌理上、色块上、诗词上、题跋上，不断创出新的意趣来。哎呀，钻进去后，常常又有了新的要求，其乐于胸。

漫画，尤其是讽刺的新闻漫画，要一个"快"字，刚发生的新闻，立即变成文艺作品，是热炒，立即端上桌。而水墨，往往是"慢"，是炖品，文火"煨"，细细考，然制作落笔又要一气相传，大处落笔，细处收拾，与漫画风格迥然不同。漫画，画了还能修改，甚至在电脑里还可以"PS"，水墨就难改了，想要改个树叶都难，唯有重画，而重画的效果也不一定，也许人物精神了，景物没有弄好或题词没有写好。而水墨的乐趣，也许就在这变化无穷之中吧。也有人来向我索画了，拍卖行也来问我有没有可以拍的，也有"不讲理的"朋友，到我家里指着某张画就说，这幅好，我的。走的时候，连镜框一起，搬到汽车里去了。

画了幅《红豆生南国》，网上一晒，资深老编辑老姚说，侬这画印在扇子上，"情人节"肯定生意红火。可是，这幅画，让儿子看到了，连说好，拿了就折起来送媳妇那儿去了，我连说，等我拍张照片，才铺开拍了张，上面还是许多折痕。画拿到贵州，具有民族气息又喜庆的画作，给他们在贵阳的婚礼增添了喜气。

画水墨与画漫画是两个不同的领域，各自有特定的工艺，但是，用水墨来画漫画，是一种合璧，在水墨的技能中注入漫画的思路意趣，能提高作品的诗意和深度。丰子恺先生的漫画即是，吾当虚心学习之。

画画水墨后，弄弄就入了进去。写了正楷仿宋，又画了水墨人物，不料微信中一传，有人立马放话，这幅是我的了，别人不要抢！唉！这水墨还真和漫画不一样，漫画一发出去，至少几十万人看到了，这水墨画还真不一样，画差了拿不出去，画好了给人拿去了，即使放了润笔费，再要画张精到神到笔墨到的，难了。我有一张画得很轻松的水墨，给一位朋友"抢"了就走，现在挂在他家的客厅里，还说，静下心来，坐在摇椅上喝喝茶，吸吸烟，摇摇扇，真是舒坦。我说，那让我拍一张"留留念"，他不准，说，你再复一幅。我就感不到那么舒服了。唉，这家伙！

水墨画作品

触动

漫画是讽刺的艺术,是"投枪与匕首",但漫画也有歌颂的功能,只是歌颂漫画比较难画罢了,行内有句俏皮话叫"做坏人便当做好人难"。

漫画《触动》就是一幅歌颂漫画。

那是一个规格很高的酒会场地,高高的大铜门,穿着华丽的服务人员,几多佳肴茅台洋酒的圆台,套着椅披彩结的坐凳。宴会要开始了,一个干部模样的来宾,看到宴会厅里的大电视屏幕上播放着中央电视台的新闻。总书记的"四菜一汤"是面镜子,他被深深触动,立刻与主办人说:抱歉,抱歉,我先告辞了!他没有参加这豪华宴请,回到了正确的选择上面。作品歌颂了这样的氛围,歌颂了我们正在上升的正气、不断取胜的正能量!

为了突出主题,就必须将场面拉得很开,很豪华,曲曲弯弯的后面还有人在端盘子,在准备分发的礼品袋。只有拉开了这场景,才感到我们反腐的重要,才感到我们整顿党风的重要,才感到我们一些干部的触动和改正是多么令人欣慰。

漫画《触动》

双庆阿哥

快要过 2013 年元旦的时候,上海难得下起了雪,早上我赖在被窝里听广播,却听到了一条"冷面滑稽"王双庆逝世的消息。唉,双庆阿哥走了——,滑稽界又少了一员大将!

双庆阿哥是我非常喜爱的滑稽大家,他聪明和气,戏路宽广,"噱"得另有一功,我是他的粉丝。早在上世纪 80 年代,上海的漫画界就与滑稽界有很好的交往,相互交流如何拨动喜剧琴弦与观众共鸣,那时,他就显露了自己的绘画才华。他把自己画的漫画名片给我看,他的漫画像中还巧妙地把"王双庆"三字嵌入。接着他又恳请我给他画幅漫画肖像,还说,这就是"抛砖引玉",我也给他引笑了。后来,上海许多漫画家为他画了漫画像。

《王双庆私房积"噱"》封面

2009年夏天，双庆阿哥与阿嫂一起到我家里来，说着说着，拿出了一大叠A4纸，那是他准备出书的文稿，他叫我看看，给他的书画个封面，而且，一定要漫画，书名就是《王双庆私房积"噱"》。我感到这个题目起得蛮滑稽的，但是请他把一叠文稿带回去，怕影响我原先对他的印象和构思——把他演出过的重点角色画到封面上去。在构思时，我就画了一个像"守财佬"的王双庆在清点他的"积蓄"，看着1932年(他的出生年)发行的"噱"字"爱心钞票"，既满足又开心，一个个散落的"币"上都是他多年的积累和心血啊。

双庆阿哥看了画稿后非常满意，开心地说，太好了！他把这幅漫画的电子稿打印了一张，签了字，装好镜框"送"给了我，用我的作品送给我，还真是滑稽演员的幽默。

双庆阿哥的眼睛勿好，高度近视眼，而且还有一只眼睛是视网膜剥离而近乎失明，可他却还在演出，还在一个戏里跳"疯狂迪斯科"，正巧我夫人也患同疾，常向他请教。于是我们的通话中，常常是她在与双庆阿哥交流。他说，由于眼睛不好，尤其是两只眼睛"脚高脚低"没有景深感，暖水瓶倒水流在杯子外也算了，在台上弄勿好要跌下去的，于是，双庆阿哥要在演出前，小心地去量台步。我们看他在台上跳进跳出，要知道他要比别人付出更多。

画蛇添足

农历癸巳年是蛇年，每当迎春，总是要画些新春漫画，可是蛇总是很难入画，更难画好，有好些画家感到头疼而放弃。

我还是想画，在"想不出""想不好"的"夹缝"里逼个"点子"出来才有劲。

终于我还是在文字上动了个"移花接木"，不是说画蛇添足不好么，我把那反戏来个正唱。我从民间的剪纸上参考,画一条漂亮的小花蛇,吐着的信子变化为一支彩笔,蘸着颜料在自己的身上画"足",那不是真正的足,而是:事业充足、幸福知足、钞票十足、生活富足、心满意足。既合了题目的"画蛇添足",又喜气洋洋地与各位拜了年,讨了口彩。作品在《新民晚报》彩版发表后,得到许多读者的赞许。有许多朋友把这幅漫画贴在微信上拜年,都说:这个足添得好!富足,满足!

谨防电信诈骗

电信给我们带来极大的便利,也滋生了"电信诈骗"这个毒瘤。诈骗手段不断翻新,有发短信恭贺中奖的,有在网络上教你炒股买彩票的,有微信上骗你借钱让人汇款的,有中国某某中心请你参加评奖的……骗子的招数在不断升级,轻信者的伤痛有口难言。山东省临沂准大学生徐玉玉遭遇电信诈骗后

漫画《画蛇添足》

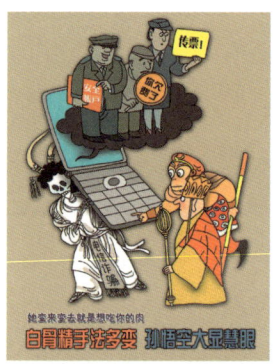

打击电信诈骗宣传漫画

打击电信诈骗宣传漫画

心脏衰竭死亡的消息引发了公众的关注,虽然这起案件已经告破,但依然令人心痛。接着,另一起类似"徐玉玉案"的电信诈骗案告破,19岁的妍妍因被虚假中奖短信骗走家里省吃俭用攒下的9800元学费,留遗书跳海自尽。

这些触目惊心的案例提醒我们,要加强防范,要加强防范!公安机关、宣传单位、银行机构都联合起来,加强防止电信诈骗的宣传,其中就有运用漫画的形式,做单片、做卡片、做宣传片,报纸连载、社区张贴,起到了很好的宣传作用。记得一次我在中国工商银行讨论画漫画防电信诈骗时,碰到黄奕警官,我当时不知情,对他说,这诈骗犯么,要你们警察去抓的呀,电话有,名字有,还抓不到?现在看来,我是错怪他了,这诈骗就是个团伙,而且与境外连接,还得要防范,要宣传。

我画的漫画中有一幅,就是关于"非常6+1"让你上春晚。当时有一位读者,就是收到了这样的短信,说是中了奖,可以领大奖,有电脑,有奖金,还可以上春晚,兴奋得不得了,正准备要输入自己的电话资料时,看到《新民晚报》上登的漫画《上"春晚"?》,如梦初醒,马上上网去查,当看到网上说这是骗局,已有人上当，不觉惊出一身冷汗！漫画宣传能起到一个警示、提醒的效果，挽救了一个差一点跌落的市民，也真是善莫大焉！

温哥华漫笔

我与夫人到温哥华去住了一段时间，有宾馆，有民宅，有朋友家，体验域外风情，也画了不少漫画。在加拿大，我看到他们的人文关怀的细切，对动物、鸟类保护的周到，很是感慨。

树林边的垃圾筒是有盖的，而且，要打开这个盖，需要由手指按住暗开关才行，它是为了防止晚上熊打开这个盖，吃到里面的垃圾或塑料袋。马路上，我看到野天鹅在闲庭信步，汽车只能等在后面，让它们先过。高速公路上，每隔几公里就有横跨的旱桥，上面野草丛生，就是为动物横穿高速公路而设计的，免得被高速行驶的车辆撞倒。面对天上飞的乌鸦，你可不要去喂食，旁边有明确的警示牌，你的喂食可能会使它们丧失寻觅食物的功能，它们将很难度过冬季。更有意思的是，我发现他们有的下水道的铸铁窨井盖上有一条铸刻的鱼，旁边有一行小字，意思是这个下水道是通往有鱼的河流的，请不要将有毒污水倒入。

在温哥华的几周里，我看到了美丽的景色，看到了他们喜爱读书、拥抱生活、悠闲快活的人文精神及自觉遵守法纪的社会风气。我的一位朋友盖了一所房屋，中间有一块凹进去的区域，既不好看又不实用，一问，原来他做了凸窗，政府有关建筑规划的人员说，他的建筑超过了申报的房屋的容积率，必须凹进去一块才能通过。

旅游漫笔也真是漫画的一种形式。现在，有的旅游者将自己的旅游经历用"漫画＋文字＋照片"的方式记录下来，有的漫画并不是很有绘画技巧，但是，的确把自己独到的感受记录了下来，就是十分精彩的作品。譬如，拉着妈妈的手去旅行，就非常感人。

走到哪儿，记到哪儿，画到哪儿，拍到哪儿，把自己的感动传出来，真好！

美丽的班芙
班芙小镇宁静而美丽，露易丝湖平静而圣洁，空气清新，气候温和，确实是人类最适宜居住的城市！

温哥华旅游漫笔

各国婚纱
美丽得让人窒息的布查特花园里吸引了各国新娘前来拍婚纱照。

开了"房子"旅游
节假日,常见加拿大人开了房车(或租了房车)去旅游。车一停,骑车,游泳,钓鱼,野餐,日光浴,煞是开心。

外语太蹩脚
在四季大酒店里吃西餐,女待的讲话和无图的餐单全不懂。拿出笔来画了虾蟹鱼,因不知我要怎么加工也不能下来。大堂的香港裔女经理来解决了问题,我用餐碟为她画了个漫画肖像,她和她的同事们都笑了。

蒸汽钟
依靠蒸汽为动力驱动的大钟,头上冒着热气,许多人等待着听它半小时一次的打鸣。

窨井盖上的"鱼"
一次我发现路边的铸铁窨井盖上有一条鱼的花纹,看了边上转的小字才知道,这个下水道是通河流的,不要倒入有污染的水面贻害鱼类。

美丽冻人的冰川
坐着轮胎有1米5高的巨型雪车,来到深达270公尺的亚迪巴斯加冰河前面,景色开阔壮观,气温也骤然降低,一位姑娘用水瓶做了热壶取暖。

快乐的"二人转"
路上多见骑车、跑步锻炼身体的人,为此,路上还专门辟出骑车的自行车道。

温哥华旅游漫笔

漫笔国际事态

国际漫画是漫画创作的重要题材，它是用漫画语言表达作者对世界上的人与事的观点，它直击、讽刺、调侃，揭示某些国际政治经济军事博弈中的事态。我创作的讽刺漫画中，有很大一部分是国际题材，在《天呈漫画》专栏中，也常有国际漫画作品。过去，我国漫画家创作的国际漫画，讽刺对象比较明确，就是打倒美帝，打倒苏修，打倒一切反动派及其走狗。现在，我们的讽刺题材细化了，针对具体的事情及人物，表现我们的

《—— 快了，马上就修好了！》

《—— 为了安全，你们还是上去用餐吧！》

《"枪持"夺理》

《——你这样可不行,我得把你关进笼子里去!》

态度及立场。这需要漫画作者认真观察,同时,运用漫画手段,巧妙地投出尖锐的投枪。

日本首相安倍晋三自执政以来,高举"修宪"大旗,全然不顾日本国内和国际社会的反对和谴责,欺内瞒外,强奸民意,企图篡改侵略历史,狂驾日本"右翼"的战车在军国主义复辟的道路上倒行逆施。我在构思漫画时,就在"修"字上切入,把修宪比喻为修钥匙,修了钥匙就是为了开锁,打开牢门的锁,而关在牢门里的正是与全世界爱好和平的人民为敌的日本军国主义。

美国和韩国不顾包括中方在内有关国家的明确反对,宣布将在韩国部署"萨德"反导系统。韩国成了大国博弈的棋子,成为美国军事体系的一环,面临周边国家的制裁,把韩国人民强制绑在了战车上。于是,我画了一幅漫画《——为了安全,你们还是上去用餐吧!》,画面上,一家韩国人正在野外享受和平生活,却来了个美国山姆大叔,笑嘻嘻地请他们到战车上去用餐,而那巨大的战车,正是"萨德"!在绘画中,我将绿色的草地与压抑的战车形成对比,将和平的生活与冰凉的武器形成对比。我将萨德战车画得非常细致,它打着保护人们安全的旗号,残酷地踏进人们安定的生活,带来恐惧和不安定。

这幅作品在第九届上海美术大展上展出,获得了"沈柔坚艺术基金奖"。

沈柔坚艺术基金奖

装修漫笔

几年前我楼上的人家用水不当，漏水了，弄得我家的天花板上全是水渍。我怕麻烦，也一直没有去修，结果，几年后，天花板上的水泥剥离开来，有的往下掉了，没有办法了，只能装修了。装修真是个麻烦事，先要把家里那么些家什、书报、画框搬出去就是难事，请装潢公司、买材料、选电器、定颜色、看式样，都要事必躬亲，没有一个能让得过的，而且，还要学习许多新知识、新功能。经历的这半年，真是长知识了。经历了这场"战斗"，有成功的经验，也有上当的教训，我想，将它写下来，画出来，与大家分享。

我家的小中央空调要换了，订合同的时候，厂方经理问我：你们家进线的电是220V还是380V？我想当然地说，是220V，结果就订了那空调。后来，问了装修人员，才知道进线是380V的，空调也可以用，但是比380V的要费电。我的这组漫画发表后，有一位朋友果然也要装换这个品牌的空调，就没有走弯路。

为了减轻沿马路的噪声，我将钢窗换成可以斜倒的双面窗，可是，那来量尺寸的李经理将钢窗量满了，等到钢窗做好了拿到家里，差了两公分，放不进去了，怎么办？要么重做，那么，厨卫、墙砖、地板工程都要向后推两周，这损失怎么算？要么就是将窗框再凿大，那又太危险了。结果，他们又将做好的钢窗边锯切，真正的"削足适履"了，弄得窗上的油漆斑落，将就装了进去，这个在美凯龙市场里有店面的李经理，居然这样交了"货"。现在，我们的钢窗早就漏气，双层玻璃中尽是气雾，我看出去尽是"雾霾"，而这个李经理早就不见了踪影。

在我家做装修的一位聚通的小领班，居然是个木工、电工、泥工、漆工全能，而且，竟可以将我订阅的 *Shanghai Daily* 读出些许。我问他为什么这么努力学习，他说，现在的时代飞速进步，有许多用户弄来了德国的水龙头、美国的电器，要他们装上去，看不懂说明书怎么行呢。我还真是感到，一个有了电工操作证书的四十几岁的中年人，还知道要努力跟上时代的步伐，知道不进取就会被淘汰。这个道理在漫画上是一样的，没有进取，不掌握新的表现手法，是要落伍的，被淘汰的。

装修漫笔

喜欢上海的理由

当我们想用漫画形式来表达"喜欢上海的理由",立即得到了上海美协领导的支持。上海是中国漫画的发源地,是中国漫画家的摇篮。丰子恺、张乐平、华君武、丁聪、张文元、米谷、沈同衡、陶谋基、江帆、缪印堂、蔡振华、乐小英、阿达、詹同、王树忱、王益生等漫画家,以及《上海泼克》《时代漫画》《上海漫画》《漫画世界》和后来迁址北京的《漫画》杂志等,都是在上海诞生的,这也是"喜欢上海的理由"之一。

漫画"喜欢上海的理由"这个计划一推出,立刻得到上海图书馆的大力支持,不仅排出展览档期、提供展览场地,而且还帮助传递创作题材及资料。许多老漫画家都主动请缨,选认题材,精心创作。有的老作者还到现场去画速写、拍照片,他们说,上海的变化太大了、太快了,不去实地看一看,老上海也许也会画走样的。

上海是中国大陆第一大城市,四个中央直辖市之一,是中国大陆的经济、金融、贸易和航运中心,上海已经发展成为一个国际化大都市,并致力于建设成为国际金融中心和航运中心。"实现中国梦,争当排头兵",上海自贸试验区更是精心耕作,精心管护,不断进取。上海又是一座极具现代化而又不失中国传统特色的都市。外滩老式的万国建筑群与浦东现代的摩天大厦交相辉映,过街楼下打麻将的老人与弄堂里踢足球的少年相映成趣;有拿着微型收录机听着沪剧、滑稽戏的戏剧爱好者,也有在大剧院聆听交响乐、观赏芭蕾舞的青年白领;老饭店的本帮佳肴,杏花楼的广式粤茶,红房子的法国大菜,上海老街的茶馆,新天地的酒吧,中西合璧,各有各的精彩。

上海话,吴侬软语,真是好听,细细绵绵,娓娓而谈,听这乡音便是一种享受,阿富根与小妹的谈话节目至今还吸引诸多上海人。一些落居海外的上海人还是不忘要寻觅沪剧唱片、滑稽磁盘、评弹音带去过瘾头,都是老上海的一片情结。

上海是中国漫画的发源地

改革开放给上海带来了新的变化,城市有新貌、生活真便捷、人文又精彩的上海特质更受赞赏。美丽的外滩,新建的龙华大道,清澈的苏州河,众多的博物馆,地铁隧道和公交线路星罗棋布,便利店随处可见,这样的生活设施,兼容并包、海纳百川的精神,做事规范、精细豁达的人文特色,都成为人们更喜欢上海的理由。上海是个"移民城市",上海,不仅仅是上海人喜欢,不少外地人和外国人也喜欢。他们一起融入了上海,一起建设了上海,一起

漫画《上海速度》(汪家铭画)

打扮了上海,他们成了"新上海人"。

喜欢上海的理由太多了,用漫画来表达喜欢之情更有许多生动的效果。短短一个月的创作期,上海漫画艺委会就收到了几百幅作品,我们从中挑选了108幅,在上海图书馆展出。漫画家用他们独特的眼光和切入点,用生动而喜剧的漫画语言,陈述了他们喜欢这个美丽城市的艺术化的理由。这个展览,引起了我们儿时的回忆,现在的回味,梦想的憧憬,引申出更多喜欢上海的理由。

安美金老太今年84岁了,特意一早从虹口赶来上海图书馆,边看漫画边做笔记,手里小本子写得密密麻麻:"这一幅幅都是上海的记忆呀!"她嘴里牙齿几乎掉光了,但一说到上海便打开了话匣子。"我嘴里守门员全掉光了,所以说话快不了,但是上海的发展速度真是快得不得了。"她最喜欢《上海速度》这幅漫画,"咔嚓之前是老上海,咔嚓之后就是新上海了,时光真是一晃眼呀。"

漫画《上海男人》

在澳大利亚与丁兆庆先生相聚

丁兆庆先生是苏州人，他考上了上海电影学院摄影系，后任上海图片社摄影师。在摄影工作之余，他喜欢上了漫画创作，陆续发表了一千多幅作品。1986年初，丁兆庆移居澳洲，曾在悉尼大学讲学、举办画展，在报社担任编辑，其间频频发表漫画于中英文报上，并从事绘画教育。

2014年底，我到澳大利亚旅游，在悉尼

与丁兆庆先生漫谈

在悉尼的市政府厅门口，与化妆聚会的市民一起欢乐合影

与澳中友协的朋友聚餐

住了几周，游览了美丽的黄金海岸和乡间小镇，去了塔斯马尼亚，也与许多上海朋友一起聚会，吃海鲜，喝啤酒，画漫画，很是开心。

丁兆庆先生长我五岁，他开了车子来接我。悉尼的交通也很拥挤，停车很不方便，我又住在市中心，他几次叮嘱我，只能在宾馆门口我等车，他的车可等不了我。他非常好客，为了与我见面，特意将上课的时间调整，还准备了许多饮料、面包、熟食，要与我和我夫人一起在外面野餐，他带了我们去游览城市，又带我们去了景点摄影。我们怕耽搁他的时间，几次劝他去忙自己的事情，最后，我们在博物馆门口分手，他还是将许多食品留给了我们。我们在博物馆门前的草地上，树荫下，慢慢地享用了午餐，之后去参观了博物馆，看了不少精彩的藏品。当我们晚上回到宾馆，丁先生的电话来了，他对白天里因为不能停车陪我们表示歉意，又对我送他的一幅水墨表示十分欣赏。他画了一幅漫画，要回赠与我，他说，不开车了，我到你的住所去。

他带来了精心绘画的一幅漫画及许多在

澳大利亚生活时的剪报,我们在一起,谈了在上海工人文化宫漫画创作组活动的往事,谈了上海的漫画发展情况,谈了他在澳大利亚开展讲学、受到悉尼政府嘉奖的情景,好一番叙谈甚欢。

在悉尼的澳中友协的朋友们宴聚时,得知恰逢友协的领导郑女士的生日,于是我就用餐厅的碟盆,为郑女士画了一幅瓷盘肖像漫画。她很高兴,与我们一起合了个影。

买盒"克感敏"

偶感风寒,微寒发热,到药房去买"酚氨咖敏片"(克感敏),12粒一板,5板一盒,14元多。要买就是一盒,才服了3粒,烧退了,病好了,桌上还有57粒。过了一段时间,不发寒热,就只能处理扔掉,真是资源浪费!我想,要是找个"拼车"的多好(其实也不可能,

漫画《有拼车"滴滴"吗?》

只是一种漫画构思罢了），实际点的是一板一板卖多好，只是这两元钱的生意谁做？

吃药吃出了个漫画来，但还是要几个方面结合起来才行：发现是个题材是一；想到用"找拼车"来比喻是二；用克感敏的药盒做"车子"，用药片做"轮子"是三。要想画面能感染读者，还得在人物造型、色彩构图上细细斟酌。手里拿了两片药，是两片就够了，手持望远镜是夸张地表示要"拼多多"，帽子朝后面戴，就生动地画出他的张望和心情的迫切。加上人物和药物的投影，整个画面"立"起来了，生动了。整个创作的制作过程，大约要两个小时，碰到"难产"，这点时间就不够了。

漫画《倒了，倒了！》 徐进 作

为廉政漫画叫好

漫画在反腐倡廉的活动中也起到了推动的作用，上海漫画艺术委员会与浦东潍坊街道一起办了"浦东'潍坊杯'你我画廉政主题漫画大赛"。我感到来稿的漫画，能打动读者，也警示了社会，拨动读者的心弦，引起读者共鸣，让读者会心一笑。

漫画主题的正确是漫画的灵魂。主题决定作品的教育作用，是作品成败的关键，主题不正确，就谈不上会心一笑，只会引来读者耻笑。漫画要有巧妙的构思，就是要充分运用漫画语言来表达主题，让读者多有联想，在捧腹之余回味无穷，会心一笑。漫画取材广泛，从宏观到微观，从具象到抽象，从穿越时空到形态意识都可以表现。大赛中的《浑身有"嘴"说不清》，就是有巧妙构思的好作品。一个干部，在念"廉洁"报告，可他自己却浑身是红唇吻印，还谈什么以身正人。漫画《提醒》，画了个干部，正要接受贿赂，墙上的"廉"字伸出一个大手来，敲打他的脑袋 —— 当心！刚在手上的一沓子钱掉在了地上，受贿人惊醒了。立轴会敲人 —— 这就是漫画语言，兴许这幅漫画也会敲醒某个正在受贿的梦中人。

漫画的传感还需要有精美的制作。漫画是用画来达到讽刺与幽默效果的艺术。它鞭挞假的、恶的、丑的现象，传播幽默的、机智的、人性的语言，而它的艺术形式却是美的，它首先是一幅画，有独特的美感，值得读者去欣赏，去收藏。

漫画《心血管变异》是这届大赛的获奖作品，一颗心脏的心血管变了，变成了一个个钱币的符号，它给读者的感受是，那颗心脏还能给身体提供氧气吗？这幅漫画的比喻是贴切的，给人的警示也是震撼的。漫画《钟馗嫁妹》是这届漫画大赛的金奖作品，它运用了一个中国古典故事的情节，加以置换，采用漫画手法：天上飘下送礼红包，然而钟馗打了伞，挡在妹妹的嫁衣上，联想到大赛的"廉政"主题，使人发出会心的微笑。现在，各级党政组织对管辖范围内党员、公职人员办理婚丧事宜负有教育、管理和监督责任。对于疏于监督管理，导致管辖范围内党员、公职人员违反有关规定并造成不良影响的，按照党风廉政建设责任制的规定，追究相关领导的责任。这幅漫画恰就在这里起到了提示和警示的作用。

新闻漫画工作者必须有强烈的社会责任感，在创作的过程中，要始终保持对社会生活的褒贬立场和鲜明的态度。但是，漫画是一门艺术，不是破口大骂，不是脏话的堆砌，画一个赃官，加一大堆拳打脚踢，那不是好漫画。漫画《倒了，倒了！》就是从另外的一个角度，对口是心非的赃官进行了一次抨击：两位造纸厂的工人师傅正在看一份"贪官落马"的新闻，贪官倒了，旁边的传送带上，贪官写的一摞摞《论廉政》的书，也倒了，去化作团团纸浆。看到这儿，我想，读者也会发出会心的微笑，并对装得一本正经高谈阔论廉政建设的贪官发出一声嗤笑。

浦东潍坊街道举办了两届向全国征稿的漫画大赛，在第一届的基础上，不断改进，不断提高，这一届有了长足的进步。通过漫画大赛，不仅产生了许多漫画新作品，给漫画园地提供了新舞台，培养了新作者、新队伍，而且，在创作的过程中和阅读的过程中，展开了一个学习和教育的过程。如果，有人看了这些漫画，想贪一下的手收了，想排场一下的改了，想浪费一下的节约了，看到亲友有邪念去规劝了，那，善莫大焉！

反腐倡廉漫画

乡情

2015年,我们夫妇俩到加拿大多伦多度假,那年的冬天特别的冷,零下三十多度,走在马路上,风刮在脸上像刀割似的。我们去参观那"鞋子博物馆",走了一段路,受不了寒风,就溜进一家商店,借点暖气,等身子暖和些了,再走到马路上。等到进博物馆,我们已经窜了几个超市和咖啡店了。

回到家里,那是暖和多了,房间里的温度在25度以上,舒坦了,冻得哆嗦的手脚也放开了,眼看要过中国的春节了,我就在电脑上画了个贺年片,两个老人,裹得严严实实,手套、帽子加围巾,踏在雪地上,拱手拜年的样子,好是可笑。我在旁边写到,来到多伦多,零下三十度,冷得直哆嗦,真是"哆——冷——跺",还好房间里,温暖如春。发在微信上,朋友们看了也都笑了。外面冷,屋子里暖和。在那儿去博物馆、美术馆,进门第一件事情就是把外衣脱掉,要不然,里面25度的热可受不了。在屋里,空闲的时间多了,温暖得只要穿短袖,可以吃冰淇淋。于是,我就铺开宣纸,写了好几幅小楷,当然,也画了好几幅漫画,尤其是那羊年的"贺岁画",几多推敲,画了个雄壮剽悍的顶角机器山羊,在"反腐零容忍"光盘的指引下,斗志昂扬地踩向已经败落的"纸老虎"。

在多伦多过年,儿女不在身边,老两口就自己到超市去买了几多年货,把带来的红红的剪纸,贴到了房间的玻璃窗上。两个人商量,这个加拿大,黄油面包、果子酱、龙虾海鲜、冰激凌都不缺,可就是觉得缺了个什么,讲不清楚。突然,我提出来,我想吃腌笃鲜,老伴说,这怎么弄?砂锅有吗?咸肉有吗?竹笋有吗?走进一个华人超市大统

漫画《乡情》

贺年片

华,去买了个大砂锅,收银台的大姐很有意思,她不顾后面还有许多人等着收钱,非要到后间去舀一大桶水来,当着我的面来验证这砂锅漏不漏。我说不用不用,拿着砂锅盖朝砂锅檐口轻轻敲了一下,清脆地"唭"了一声,我说,没问题,就付了钱。回到家里,夫人把刚买的鲜肉自己动手,做起了咸肉。之后,在超市里买的罐头笋、百叶结,加上咸肉,一砂锅的"腌笃鲜"做成了,浓浓的乡土情啊!

触景生情,远在异国他乡,尽管有吃有住,尽管房间里温暖如春,可是,割不断思乡之情啊。于是,我打开了构思之路,在漫画构思本上,画出了《乡情》这幅漫画的草图。画面上,一对老头老太,在异国的客厅里,在厚厚的羊毛地毯上,腰上扎起了红红的绸带,欢快地扭起了秧歌。他们的头仿佛在颠摇,他们的脚步仿佛在欢跳,他们,在倾吐着思

乡的情愫啊!为了烘托主题的深入,老人的住宅很豪华舒适,高高的挑窗,美丽的湖景,精美的天花屋顶,巨大的壁炉,温暖的室温,可是,优越的生活挡不住乡情的思念,在壁炉上那个熊猫玩偶的注视下,老人的秧歌给他们寄托了思乡之苦。

这幅漫画也是抒情漫画。

三毛八十岁了

张乐平先生笔下的三毛,八十岁了。为了给八十岁的三毛"庆生",上海图书馆中国文化名人手稿馆联合相关单位和张乐平先生的后代,向社会征集"80岁的三毛"漫画稿。在张乐平这样的漫画前辈笔下,漫画并不是简单的记录,还存在着"再创作"的过程。

三毛,是张乐平先生创作的、家喻户晓的艺术形象,他80岁了,但"永葆青春",永远是个少年,永远是个活泼可爱的小朋友,从这个意义上来看,要画成八十岁的艺术形象,是比较难的。

我在构思时,画了个永远不老的三毛,为什么不老呢?因为吃了"不老丹",那就是乐平先生的"知足常乐"丹。

艺术形象具有形象性、主体性和审美性。艺术形象是客观与主观的统一,是内容与形式

三毛漫画

三毛漫画

的统一,是个性与共性的统一。三毛从形体到形态,都是人们熟悉的、肯定的、完美的艺术形象,他80岁了,但不会老态龙钟,秃发长须,娶妻生子,儿孙缠膝。

但是我还是构思了一幅漫画:三毛对张乐平爷爷说,这是我的"孩子"——一个机器人三毛。我用新的时代因素,塑造了一个八十岁的新三毛。三毛有"儿子"了,他不是生育出来的,是制造出来的。

同样,上海还有个艺术形象叫王小毛,那是一个滑稽广播剧里的明星,历经三十年,愣是没有结婚的"小青年",广播剧里,与佩佩谈了很多年恋爱,婚房也准备好了,就是不请

大家"喝喜酒"。听众来信来电都要求,可以让王小毛结婚了,可以让他们生个"小小王小毛",剧情也可以丰富点。电台编辑部还煞有介事地让大家讨论,同意王小毛结婚的占多少,反对的占多少。其实,他们明明知道,这个好不容易立起来的艺术形象,怎么会去生一大堆儿女,只是闹猛闹猛,做做广告宣传。

一辆"独轮车"

我们的生活现在大大提高了,衣食住行都有了飞跃。但是,有些人的思路和心神却还是很狭窄。有的大妈,在公共厕所里,总喜欢顺手将一筒卫生纸拿走。天坛公园内现有公共卫生间十多座,均为旅游星级厕所,免费为如厕者提供手纸。因为免费,许多人如厕后总是顺

漫画《某大妈用完公厕后回家了》

手带走一大叠手纸;而更多人是专门为纸而来,一天一趟甚至几趟,将手纸塞满布袋后捎回家,公物私用。如厕者大喊"没纸了,快上纸","唉,来啦",保洁员赶紧放下拖把,快步进入旁边的屋里拿出一大卷筒卫生纸,迅速装入挂在墙上的白色纸盒内。冬季里,公园各个卫生间一天的用纸数量多的达三十余卷。

于是,我画了一位大妈用了公厕后,顺了一圈卫生纸,当"独轮车"骑上走了,尽管她烫了发,戴了项链戒指,拿着精美的手包,提着刚买的鲜蔬,却若无其事地、不顾他人地贪了小便宜走了。

作品发表后,收到了许多读者的赞许,在微信中也多有流传。但是,也有位读者说,现在贪污的老虎这么多,小到几百万,大到几个亿,老百姓捞点"草纸"啥稀奇!这,才是真可怕的地方,不以恶小而为之啊!大贪就是从小贪开始的呀!如果大老虎天天包养小三,"老百姓"就可以在马路上摸姑娘屁股了吗?你到底向什么地方看齐的?

尴尬的旅游回放

我们现在有的游客很不注意文明出游,从绝对数量而言,中国出境旅游市场已超德国与美国,成为世界第一。与此同时,国人出境游的一些不文明行为正在不断成为国内外媒体的聚焦对象,备受诟病。我到西安去旅游,看兵马俑,游华清池,可是,看到一些不文明的镜头,真是难为情。"杨贵妃"的塑像上爬了人还不算,那雪白的双乳上满是肮脏的手印。更要命的是,这四周还有不少是孩子,是学生。我当时就想,我画个漫画来讽刺讽刺。题材是记下来了,怎么表达,怎么讽刺,怎么"教训"这些不遵守公共纪律的人,想了好久,还是没有好点子。

回到上海,我突然想,回来回放那些照片,让他的家人来羞羞他,骂骂他:媳妇说,这就是你爸?这比抽他还厉害呢!老伴的脸也板了,孙子也发言了,他的脸也红了,头也低了。奉劝那些在外"胡来",不讲文明的人,

漫画《尴尬的旅游照片回放》

看了这幅漫画,有所触动,有所改进。

漫画的匠心是讽刺,批评人也可以"拐弯抹角",这幅漫画就是用小孙孙的话骂了那爷爷,而且,警示那些在外不拘小节的人,那可是要"铺开在光天化日之下"的,不要一时的肆意妄为,在儿孙面前留下笑柄。

大圣归来

漫画也是个与时俱进的艺术,看上个世纪 20 年代的老漫画家的漫画作品,就已经非常前卫,美术字十分生动。丰子恺的发散思维,丁聪先生的装帧设计,张光宇的线条和构图,张文元的新世纪畅想,都说明漫画家一定要走在前列,要有新的思维、新的比喻、新的构想,才能打动读者。因此,要多看书,多学习,多吸收，多向年轻人靠拢。

漫画家本身就是个杂家，漫画的构思是多种知识的跳动、关联、触动的反应，现在的漫画作者，如果不懂电脑、不会上网，不去弄懂什么是"PS"、什么是"IQ"、什么是"WTO"，那么，构思肯定会狭窄，反应会迟钝。

我已是"古稀之人"，还自己开车，用计算机上网制作漫画，还经常看新的资料杂志，到影院里去看电影。往往电影院里，环顾四周，仅我一人古稀，可是这不妨碍我接受新手法、新造型、新趋向。整个剧院里只有我一个老头，但是，我时有看电影的收获，我了解了当下的最先进的艺术手段，我看到了读者喜欢什么，在什么时候共鸣欢笑。我，在这个过程中变年轻了、前卫了，向我的读者靠近了。我看电影《老炮儿》，很欣赏片中的京片。我到影城看电影，看足球比赛，听交响音乐，观中外画展，欣赏评弹曲艺，孵简陋茶肆，吸纳各处之长。我看《大圣归来》，对现在的人物造型十分欣赏，也十分佩服。我看《战狼2》，对影片宣扬正能量，调动爱国的情绪，观众在影院里热烈鼓掌。这些都是我们在创作漫画时可以借鉴的。我国的C919客机上天了，我就结合那"一个跟斗十万八千里"的大圣，画了这幅歌颂漫画，其中的造型没有向传统的靠，而是向现在电影里的造型靠了。

我还画过一幅《I-配-的》，是反映儿童视力下降的问题，如果不知道"iPad"，不

漫画《大圣归来》

iPad已成为儿童视力的第一杀手

漫画《I-配-的》

知道它的发音就是"I-配-的",而且"I"在英文中是"我"的意思,那漫画构思就不成立了。

熊孩子

看到一个新闻,说的是江阴市一名22岁的女孩,在经过一幢24层高楼时,被顶楼扔下的砖块击中头部,当场死亡。然而让人意想不到的是,经过警方的调查,发现闯下如此弥天大祸的竟然是两名8岁的熊孩子!

让人意外的是,当谈到赔偿问题的时候,两个熊孩子的家长都不想承担责任。砸人的那个孩子家长说,自己的孩子还小,是被其他玩伴诱导才会做出荒唐的行为,然后还把责任推给物业,说物业没有及时清理这些垃圾。

还有个新闻说,过年的时候,有一个观众的远房亲戚来家里串门,然后亲戚家一个六七岁的熊孩子在家里玩疯,跑到书房乱玩钢琴,使劲敲打。那个时候他正在忙,后来他去书房拿杯子的时候,看见熊孩子竟然拿了瓶矿泉水从琴键上倒了下去!他当时气得要死,大声质问:你在干嘛!?熊孩子说:帮忙洗钢琴。

钢琴是不能倒水的,这样无异于把钢琴毁了,于是他就叫来熊孩子的父母。

熊孩子的父母说,"小孩子不懂事嘛,你是大人,不要和他一般计较啊。他也是好心,只是办了坏事……"反正他们就是推卸责任的态度,不说怎么弥补损失,也没有去管教孩子。

他强压住怒火,过了一会儿才冷静下来,毕竟事情已经发生了,又是亲戚,所以只能认倒霉。后来他腹黑了一把,不但表扬了那个熊孩子,还给了他红包。对他说,宝贝,真乖,给哥哥洗得真好。你以后看见那种大钢琴也可

漫画《熊孩子》

以去帮他们洗,他们也会奖励你的。

　　大概是几个月后,那个熊孩子就真的跑去商场一家琴行洗了一架佩卓夫三角钢琴,被对方索赔 66.8 万!

　　每个熊孩子的背后,肯定有个熊家长,是放纵、溺爱,才培植了这歪瓜邪草。由此,我画了一个已经可以、可能伤人的熊,而让它咆哮的恰恰是它的家长。

攻克难题的乐趣

　　新京报记者应聘北京某酒店客房部服务员,揭开了这家酒店包裹在浴巾里那些"不能说的秘密"。在随后的采访过程中,记者证实了爆料内容,酒店卫生状况堪忧。业内人士称,酒店存在此类情况,除与管理松懈有关外,还

某独立测评机构测试了北京地区5家知名5星级酒店,发现均未彻底清洁浴缸、马桶圈,部分酒店未更换床单、枕套,酒店的卫生情况引发关注。

漫画《共享单被》

与酒店人力、物资的消耗有关。即用最少的人力、最少数量的抹布，清理尽可能多的房间。由于所招聘的客房部服务员来自其他酒店，不排除将"坏毛病"带进了酒店。监察人员除了监管客房部外，还要负责餐饮部门管理工作，身兼多职分散了监管精力。于是，出现有服务员不换床单，不换枕套，不擦浴缸，用马桶布擦茶杯的现象。

看到这条消息，中央电视台作了报道，大家都很气愤。作为一个漫画作者，也很想创作一幅漫画作品来讽刺这个现象。然而，这个切入点是很难的，几次的草稿都难正确表达：是否要出现服务员？服务员怎么动作，什么表情？是高兴，是木讷？好像都不确。

碰到难题，有的是放弃，有的是搁置，有的就采用迂回方式，从新的地方包抄，攻克主题。但是，经过苦思冥想，另辟蹊径，拿下构思，取得画面，那也是十分开心的事情。

由于没有换过单被，这单被成了"共享"，当时，有一个很流行的词语叫"共享单车"，我改了一个字："共享单被"。我画了一个豪华的五星级宾馆的一隅，大床、沙发、浴缸一应俱全，然而，入住的旅客像影魅一样，换了一批又一批，他们共享着同一床单、浴巾和枕套。原来的大床后面的墙套是红色的，上有五颗黄色的星星，表达的是"五星宾馆"，报社的编辑看了后说，请换个颜色，就换了个现在的青灰底色，与整体浑和。

作品发表后，得到许多赞许，有来自读者的，也有来自漫画家的。他们说，没想到，你会用这么个手法来表达，而且用了"调皮"的"共享"来调侃，有趣，也有劲。

一只沙发

家里刚装修完毕，还缺个沙发，看世界杯了，坐在地板上太累，就去买了个沙发，二千七百多元钱，坐了熬夜看足球。世界杯看完了，沙发的一边竟然有一沓蔫了下来，跑到那家店里去，给他们看手机上拍的照片，他们

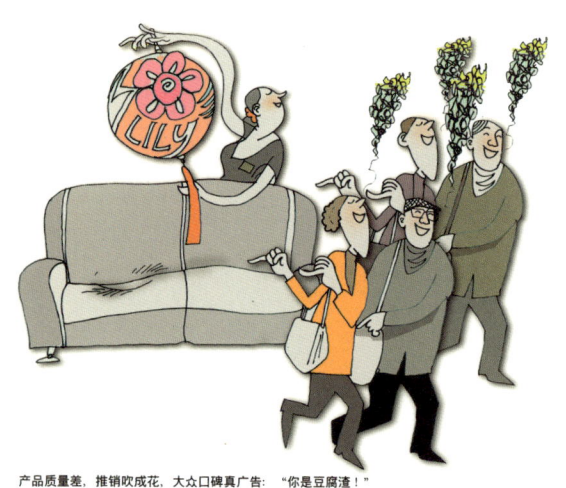

产品质量差，推销吹成花，大众口碑真广告："你是豆腐渣！"

漫画《口碑》

说,你把地址留下,我们会上门来核看,来拍照的。一等等了一个月,不来,再上门,问,你们家是不是有孩子在上面跳啊,是不是有人坐的姿势不对啊?在回答没有后,他们说,会来人的。又等了几个星期,来了个男青年,说是某某店的,进来一看,就叫了起来:这质量也太次了!我们的品牌绝不会出这样的问题的,要换,要换!咔嚓,咔嚓,拍了好多照片。结果,又是一个月,毫无反应,去问,说这个小青年结婚去了,等结婚回来再说,又等。等我再上门去,又说,这个小青年,自说自话不做了,上门说的话是瞎三话四。那怎么办呢?等着,会有人来的,结果,还是没有人来。打电话去,他们说,你的保修日期过了,这样,我们补你两个靠垫吧!

每个人在生活中都会碰到一些不顺心的事情,而漫画家往往会把它和漫画创作连起来,也许,这就是从生活中抓"活鱼"吧。它不会针对某一件事情某一个人,而是提出共性的问题症结,抨击之。而这样的作品接地气,读者欢迎,容易引起共鸣。

画了漫画《口碑》,也算是"有感而发",不料,几多媒体转用,而那家把产品吹成花、服务一团糟的商店,果然关门打烊了。

一碗汤圆

元宵节到了,家家户户搓圆子,吃元宵,我画幅漫画"吃汤圆"。

微信普及了,大家发来发去,你一口,我一口,像吃"汤圆"一样,有趣有味。原来的老年人对电子产品有恐惧感,不敢碰,现在不一样了,也玩了,也溜了,也发微信了,一个个"汤圆",你发过来了,我又发出去。

漫画家史美诚先生长我八岁,是上海工人文化宫的漫画组领导。退休后,与我经常通电话,总是问,你最近画了点什么?我就向他汇

漫画《吃"汤圆"》

报,那张漫画是怎么样的,怎么构思的,用了什么色彩。我在电话里说了后,他是"心痒难耐",光听没有看十分难熬,就要我打印出来,再寄给他。现在,通讯有了新招,寄信难了,找个买邮票的小店也难,要跑到两站路外的邮局才有。几次下来,我说,你去弄个"智能手机",再去弄个"路由器"。我还没有讲完,他就说,听不懂,弄不来!于是,只好再寄。现在,他的手机可以收彩信和微信了。老史笑了,社会进步了,技术也普及了,老史也会了,不仅会看画,还会点赞、发评语,"汤圆"也扔来扔去了。现在的老史,少不了这个东西了,前段时间住院,他说,如果不会玩这个玩意儿,真不知怎么弄了。

现在,越来越多的老年朋友,吃上了这个"汤圆",乐此不疲。老漫画家缪印堂,原先不玩这微信。我说他,你可是"漫画家中的科学家,科学家中的漫画家",你怎么可以不掌握呢?人就怕一横心,他下决心要学,就去弄"智能手机"。果然,很快,"科学家"就用语音联络、发图片了,还积极地用微信晒图、组稿、发表自己的看法,说,这个"玩意儿"真好。可惜的是,没过多久,他就去世了。

一只电话

电话给我们带来了很大方便,但现在的骚扰电话又叫人烦不胜烦,有的时候,当你正在认真构思、仔细推敲的时候,它来了;当你正在烧菜添火的时候,它来了;当你正在午睡时、送客时、洗澡时,它随心所欲地来了,强凶霸道地闯进来了!我画了幅漫画《一只电话》,洗澡时,手机电话的音乐声愈来愈急,急匆匆,忙不迭,撞翻了果盆,撞疼了膝盖,结果是房产中介的骚扰电话,你,恼火吗?

漫画在微信上一露面,立即收到许多共鸣。漫画家庄锡龙立即回复,这,就是在画我的经历!看来,碰到这样的困扰之事的人真是不少。不知道那些天天在那儿猫着腰打这种骚扰电话的人,看到这组漫画后是怎么想的。

正是这个大家深恶痛绝的现象,让许多读者与这幅漫画产生了共鸣。有些人因为这骚扰电话影响了开会,影响了正常生活,还有的在开车的时候接了电话被罚了款、记了分。我在这个构思时,就采用了连环漫画的手法,用相声的铺垫形式,一层层叙述,将事态推向高潮,最后再"抖出包袱"给与读者。后来,我用连环画的手法画了漫画《内紧外松》:一些长途客车站内安检非常严格,水瓶、包裹都得细细检查;可是,长途客车一出站,路上的人一招手,什么也不检,都上车了。漫画《一起低头》:

漫画《一只电话》

一个拿着手机的"低头族"上班去,电梯里低头,出了门低头,进了地铁低头,出了地铁在马路上低头,结果被车子"嘭"的一下撞了,进了殡仪馆;追悼会上,参加的人戴了黑纱集体低了头。

共同的旋律

莎士比亚和汤显祖,是人类历史在同一阶段产生的两位伟大戏剧家,是中西戏剧史上的并峙双峰。尽管他们的作品呈现出不同的面貌,但在当时无疑都具有重大的进步意义。无论是汤显祖还是莎士比亚,他们都热情歌颂人的情感经天纬地。但他们也非常明白,"没有精神的肉体是动物,没有肉体的精神是神,既有精神又有肉体的才是人"。汤显祖和莎士比亚都是人类历史上天才的戏剧家、诗人和语言大师。无论是读他们的作品,还是看他们的戏剧演出,都令人折服地惊叹他们是"在各种意义上闪耀着天才的光辉"之人,甚至让我们强烈地感受到由于他们天才的剧作而使我们的"生存得到了无限度的扩展"(歌德语)。

2016年,两位大师逝世400周年,我画了幅漫画《共同的旋律》,以志纪念。

两位大师尽管处于不同的国家、不同的民族,讲着不同的语言,但是他们的心底,他们的作品,都奏响了一个共同的旋律,那就是对人类的一片爱心。在画面中,他们合用了一个曲谱,点亮了共同的爱心蜡烛,永世地颂唱。

有缘千里来相会

东方卫视有一档综艺栏目《精彩老朋友》,是全国首档老年电视综艺栏目,关注老年人的生活,中老年观众为有了属于自己的荧屏乐园而快乐。2017年,有一期节目介绍了上海的漫画情况和知识。节目组要求我画一幅漫画,表达一下漫画家的心愿。由于该节目是个老年人的相亲节目,节目中会出现大阿哥大阿妹、二阿哥二阿妹、三阿哥三阿妹,我就进行了"穿红线"的构思。

先构思的是主持人叶惠贤与钱云在用红丝线"扎大闸蟹",一雌一雄,一对一对,后来又感觉不对,这捆绑不成夫妻呀。于是,重新构思,我想到一句话,"百年修得同船渡",能够踏上这条船的阿哥阿妹,都是有缘人呐,如果,看得上,谈得拢,合得来,那就驶向幸福的彼岸,"千年修得共枕眠"。

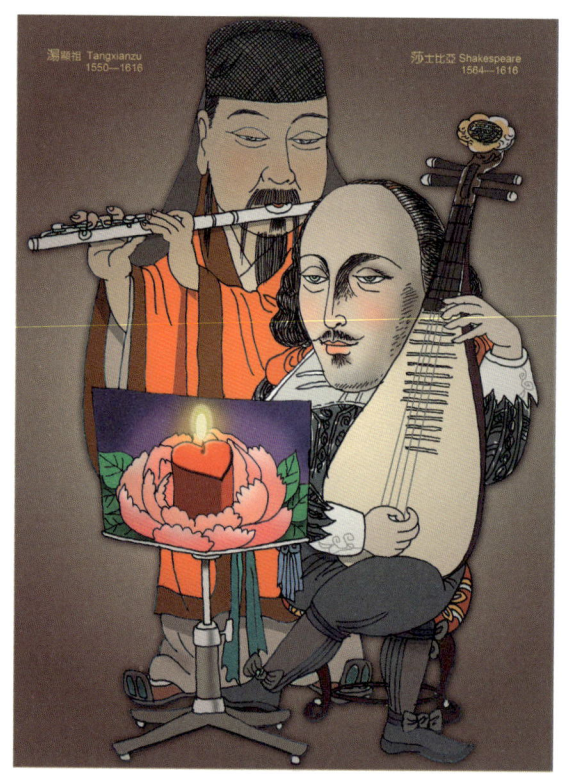

——纪念莎士比亚与汤显祖逝世400周年

漫画《共同的旋律》

主持人叶惠贤先生是全国政协委员，中国广播电视学会主持人节目研究委员会副会长，三次获金话筒奖，并获得中国电视主持人终身成就奖。他是我的同龄人，在这次节目中谈到了漫画，也谈到了1986年他拜上海歌剧院著名声学家廖一明先生为师时，我给画的一幅漫画，将他们师生俩画成了一个连理音符，在《新民晚报》上刊出。我记得他当时拿到画很是高兴，说，你把我双眉中间的痣也画上了。老叶的才气很足，能说能唱，记忆好反应快，他能在很短的时间里背稿，能一字不差地介绍嘉宾的名字和头衔，他还与著名影星陈述搭档说过相声。他的喜剧神经也经常在主持节目中抖动，与观众互动交流，所以很得观众的喜爱。那时，他得到好的喜剧带子、英国笑星的幽默段子，就会拷录了，叫我到电视台去取。他说，喜剧、滑稽、相声和漫画，都是相通的，可以互补呀。

为廖一鸣、叶惠贤创作的漫画

现在，老叶在主持这档精彩老朋友的节目，我就画了幅漫画，在新春节目中欢欢喜喜地送给了剧组和观众。

漫画大虹桥

上海大虹桥商务区旨在打造世界一流商务区，因此成功获得了大量开发商的青睐。虹桥天地、万科中心、虹桥龙湖天街、宝丽广场、正荣中心、国家会展中心商业广场等商业项目将悉数亮相大虹桥。

上海漫画艺术委员会与虹桥龙湖天街合作，宣传大虹桥，为龙湖天街用漫画形式作一种新的形式的传播。我们组织了十几位知名的上海漫画家，深入实地进行采风，讨论，分题，进行创作，用一组新的漫画作品做了年历，介

为《精彩老朋友》栏目创作的漫画

漫画《大虹桥 —— 新飞天》

绍了上海的这个新地标。我分到的题目是"世界的中心,世界的虹桥"。虹桥商务区,是上海"十三五"重点打造区域,是"一带一路"的桥头堡和枢纽站,千亿投资打造,承载着上海建设国际贸易中心的平台,并将连线陆家嘴成为上海经济腾飞双引擎。

题目非常大,既要反映"天街",也要刻画它的载体 —— 大虹桥。我就构思了一个载运的航天飞机,从"一带一路"的桥头堡起飞,在彩虹的映衬下,雄伟地起飞。起了一个题目:新飞天。

我们的国家日益强大,改革开放使中国一步步走向繁荣昌盛,华夏儿女们安居乐业;改革开放,使中国这个拥有13亿人口的文明古国成为一个和谐的大家庭。中国特色社会主义进入新时代,人民美好生活需求发生了变化,不仅对物质生活提出了更高要求,而且在民主、法治、公平、正义、安全、环境等方面的要求也随之增长。漫画,也该为这样的好日子叫好,画出咱们老百姓的心里话!

您可不要做这样的"旅游家"

有些景点每年都吸引着无数的游客到来,可是有些游客不听劝阻,自闯禁区遇险。有关部门动用大量的人力物力上山搜救,似乎已是家常便饭了。1987年,5位中学生相约登苍山,在苍山上迷路,当时动用了数千人,搜救一个多星期后,才找到5名中学生的遗体;1990年,又有大理一中15名中学生相约登苍山,在苍山上迷路,也是动用了数百人上山搜救,最终15名中学生幸运脱险。现在的救援都是由管理局无偿提供,但长期以来,对于每年因为救援产生的费用,一些人也在质疑:个别人自己的错误,为什么要全体纳税人来承担后果?这样的"驴友"是不是该讽刺?

我画了一个"驴友",在灰暗的夜晚,被困在岌岌可危的山上,碎石纷落,他在嗷嗷求救,旁边那警示牌还竖立在那儿,像是对他在嘲讽。我真希望有些驴友,看到这漫画招贴画,能遵守点规矩,既保护了自己,也不让公众受累。

漫画《您可不要做这样的"驴友家"》

吵你没商量

我们家住的小区对面有一家面包房,每到傍晚,面包要处理了,就在门口弄了个红色的小喇叭,叽里呱啦地叫"85面包,85面包",很烦人。看看没有人提意见,胆大了,妄为了,天天如此,而且不仅是傍晚了,一天到晚地叫,也不管小区居民在休息,也不管旁边就是敬老医院,到深晚,还在叫。有人打110报警了,警察来了,歇一会儿,警

漫画《吵你没商量》

车刚走，小喇叭又叫了起来，恼得有人要去踏了这小喇叭！

也不知道为什么，自打这面包店用了这种促销手段后，生意越来越差，大家感到它的营销手法太低级，整天像要把卖不掉的东西推出去，档次太次。

我画了个漫画，一个个声响面包扔得漫天飞扬，卖柜前却是空无一人。

画发表了以后，反响可大了。原来许多地方都是在噪音促销，人们深受其苦。有读者说，我家离十字街口近，何止一家叫卖，有时二三家对叫。"卖红薯嘞！卖香蕉嘞！挂面、黄豆面十元四斤……老花镜嘞！摔也摔不坏！砸也砸不破！钻也钻不透！价钱也不贵……雪糕！雪……！……八宝粥！……"难忍，无奈，到耐心听他们此起彼伏叫唱、对叫、较劲，甚至比着降价！遇到口白不清的，喊叫的不知是啥玩意儿，还很纳闷呢！还有的就说，打110呀，打到他关门！

唉，这噪音！

家风

每到春节，有一副传统对联是很多人家的选择："忠厚传家久，诗书济世长。"风吹日晒，字迹或许会模糊，但好家风却会如化雨春风，护着家、护着国。习近平在十八届中央纪委六次全会上强调："每一位领导干部都要把家风建设摆在重要位置，廉洁修身，廉洁齐家，在管好自己的同时，严格要求配偶、子女和身边工作人员。"

上海文联以"家风"为主题举办了一个漫画创作活动，我画的主题是"不学诗，无以言，不学礼，无以立"。漫画的主题十分明确，构思的重点是：在五千年的历史长河中，中国创造了灿烂的文化，形成了完整的道德体系和礼仪规范,是文明古国、礼仪之邦;但是,现在我们许多地方出现了礼仪缺失、不讲原则的现象。于是,我将中国古代的"指南车"作为点子,礼,就是我们的行路方向,就是我们的导航仪,只有以礼为本,才能立足于世。

我在图中画了一辆牛车,孔子端坐其中,车上放满了书简,而指南车上的指南人手里就拿了一面"礼"字旗,他们行走在"礼"的道路上,越走越宽广。

我将作品放在一张古时的仿绢上,还做了些旧,让它更有古代韵味,意寓讲礼仪是我们的祖先传下来的;为了更接近古画的样子,我还在画上放了许多印章,有点缀的作用,也附和主题,使整个作品更为协调。

漫画《指南车》

后记

当年我退休，出第四本集子时，在书中写道：漫画是一条船，想象是船上的帆，展帆而行的船，坐在上面的人和看着船破浪而行的人都很快乐。现在，我退休十余年，已入古稀之年。"天呈号"也常靠岸，我也下船看看别人行船，也很快乐。可是我的思绪还在那船上，我的思念还是在那船上，我的思潮还在那船下起伏的浪涌上。

思绪的波浪撞击在回溯的岩石上，飞溅出一波波一簇簇的浪花，回望着漫画航船的历程忆趣，让我写了一篇"自说自话"。我的快乐与大家分享，我的历险与读者同游，我的烦恼也与诸位倾诉。站在倘佯的船头上，遥控着在蓝天中飞旋的无人飞机，尽由它上下翻转，追逐往事的思绪机翼下留下一条自由曲玩的白气旋，徐徐飘散开来。

漫话中，有我的趣闻自述，有我的构思逸事，有对作品的介绍剖析，也有与读者的微信互动。中国现代漫画与新闻媒体有着不解之缘，我在《文汇报》创作漫画三十年，以报刊为舞台、以新闻为剧本，眼观社会万象，笔挑天下风云，有时如匕首、投枪，鞭笞丑恶，大快人心；有时如春风、暖流，扶危助弱，仗义执言；有时又不乏幽默、善意、温情，令人会心一笑，觉然而悟。这种演中外角色、唱是非正义、抒家国情怀，正是漫画家薪火相传的连本好戏，更是中国现代漫画事业的宝贵传统。我作为一个继承者，是在风云激流的巨变中，做一个漫画艺术、漫画传统的坚守者、开拓者、弘扬者，其心拳拳，其志耿耿，自觉欣慰。

唏嘘自说自话，实是回首自扪，是否对得前辈嘱托，是否应得读者嘱望，不敢懈怠。我在作画时常有想，如果，我这画是投《讽刺与幽默》的，是交华老、丁老的"作业"，江帆老师会不会说，格张漫画弄得蛮灵咯，那就好了，唉！不敢草草啊！

漫画有了新的载体，传播也有了新的手段。我希望能老骥伏枥，运用新的工艺和新的技术，跟上新的时代，驾驭新的战舰，出海波涛一番。

感谢上海文化发展基金会对我的关怀和支持，感谢上海文化出版社的帮助和辅助，感谢我的良师益友王其康校长的全力斡旋，四处奔忙，协力相助，也谢谢夏锦乾教授、葛明铭编导、夏存先生及海棠诗社的朋友们给予的援手。

欢迎聊聊
喜事连连